書店人のはんせい

本はエンターテインメント

人見廣史

新評論

はじめに

「あついぞ！　熊谷」——熊谷市のキャッチフレーズである。駅前に熊谷直実（一一四一〜一二〇七）の銅像が建つ熊谷の夏は、本当に暑い！　夏、ＪＲ熊谷駅前に設置されている「ミストシャワー」が必ずと言っていいほどニュースで紹介される。

設置された当初、「すごいアイディアだ」と驚くとともに感謝したが、東京などからやって来る人に「市内に入るための禊《みそ》ぎみたい」と言われた。まあ、それだけ「覚悟しろ！」ということかもしれない。ちなみに、二〇一八年七月二三日午後二時一六分、四一・一度という国内最高記録を観測。私の周辺にいる熊谷住民は大変喜んでいる（笑）。

ところで、銅像になっている熊谷直実という人物を知っているだろうか。武蔵国熊谷郷を本拠地とした平安時代の末期から鎌倉時代初期の武将である。もともとは平家に仕えていたが、石橋山の戦い（一一八〇年）を契機として源頼朝（一一四七〜一一九九）に臣従して御家人となった。

ご存じのとおり、『平家物語』の「敦盛最期」の段における平敦盛（一一六九〜一一八四）との一騎打ちは、能の演目『敦盛』などの作品で取り上げられている。熊谷に住んで三〇年、情けないことに、まだこの演目を観たことがない。機会があれば観に行こうかと思い、ちょっと事典などで調べてみた。

　すると、織田信長（一五三四～一五八二）が好んで謡い舞った曲は、能の『敦盛』ではなく「幸若舞《こうわかまい》」の『敦盛』であるという。幸若舞とは、室町時代に流行した語りを伴う曲舞の一種で、福岡県みやま市瀬高大江に伝わる重要無形民族文化財（一九七六年に指定）として現存していることも分かった。七〇〇年の伝統をもち、毎年一月二〇日に大江天満神社という所で奉納されている、とも書かれていた。

　興味をもつだけで新たな知識が入ってくる。じつに楽しい！　この楽しさを味わいたくて、これまで本で読んできたのかもしれない。

　さて、熊谷には年間を通して行事がたくさんある。春には「熊谷さくら祭り」がある。西の方角に秩父連峰、浅間山、

長崎の平和祈念像の作者である北村西望が造った熊谷直実像

すっかり熊谷駅の風物詩となったミストシャワー

赤城山があり、天候のよい日には富士山も拝める荒川の土手二キロにわたって五〇〇本のソメイヨシノが咲き乱れる桜堤は、「日本さくら名所百選」の一つともなっている。屋台も連なるほか、カラオケの舞台も設置され、毎年、多くの人で賑わっている。

三月の第三日曜日には「熊谷さくらマラソン」が開催されている。地元に住んでいる学生たちも大勢参加して、みんながお祭り気分となる。ちなみに私も、毎年、ハーフマラソンに出場し、家族や知人の応援を受けつつ得意気に走っている。その姿、まさしく市民ランナーだ。

熊谷は、気温だけでなく市民も熱い！　館林市（群馬県）、多治見市（岐阜県）などに最高気温で負けると真剣に口惜しがるのだ。そんな夏には、三日間で七五万人の集客を誇る「熊谷うちわ祭り」や、一万発の花火が「あついぞ！熊谷」の夜空に打ち上がる「熊谷花火大会」（八月）があり、その「熱さ」がさらにエスカレートする。

関東一の祇園祭「うちわ祭」（7月20～22日）

約500本のソメイヨシノが咲く桜堤で開催される「熊谷さくら祭」

そして、「ラグビーの街」でもある熊谷、毎年、日本ラグビーの最高峰である「ジャパンラグビー・トップリーグ」が熊谷ラグビー場で開催されているほか、二〇一九年に日本で開催される「ラグビーワールドカップ」では、一二か所ある開催地の一つとなっている。

それにあわせて、熊谷スポーツ文化公園陸上競技場では、照明塔や大型映像装置の設置、屋根の拡張などの工事が進んでいるわけだが、日々その様子を目にする市民の興奮度は、明日にでもワールドカップがはじまるかのように高まっている。

こんな熊谷市に住んでいる六五歳の男性、それが私である。都内にある書店で四四年間勤め上げ、二〇一六年四月末、書店人としての人生を終えた。書店に勤めたということで毎日本と接してきたわけだが、私生活においても本を読むことがライフワークとなっていた。本は、切っても切り離すことができないという友だったので、定年退職後も本に携わる仕事に就きたいと今も思っている。本とともに過ごしてきた「半生」となるだけに、本への強い想いを本書で語っていくことにした。

「ラグビーワールドカップ 2019」に向けて準備が進む熊谷ラグビー場

そろそろ原稿を書きはじめるか……と思った二〇一七年八月一六日、毎日新聞（朝刊）の《みんなの広場》という欄に女子中学生（一四歳）の投稿が掲載された。それを読んで、なんという偶然か……と驚いてしまった。その全文を紹介しておこう。

バスの乗客の大半が携帯に没頭

学校帰りのバスでのことだ。私がスマートフォンの画面から顔上げると、多くの乗客が同じように携帯に没頭していた。予想していたことだったが、その異様な光景に改めて驚いた。数えてみると、私を含め乗客12人中7人が携帯を使い、2人は会話中、1人は学生でテスト勉強中、2人が本を読んでいた。携帯を使うほとんどは若者、読書の2人は高齢者だった。

これこそ最近の若者の活字離れが表れている光景だと思った。「本を読む人が少なくなってきているので読むべきだ」というのはよく聞くことなので、軽く受け流すことが多かったし、多くの若者も同じ気持ちでいると思う。だが、実際に外に出て周りを見ると、その不自然さにゾッとするだろう。学生は特に、電車やバスに乗ったらいったん携帯を使うのをやめて、活字離れの現状を実際に感じることが大切だと思った。

読めば分かるように、現在の「活字離れ」や「読書スタイル」自体が失われつつある実情が書かれている。念のために繰り返すが、書いたのは一四歳の女子中学生である。

いつからだろうか、読書を勉強と考えている大人が多くなった。「最近の若者は本を読む機会が少なくなってきている。ぜひ、読むべきだ」という声も、読書を勉強の延長上に考えている大人が発しているものだ。

「読むべきだ」という理由だけで、若い人たちが本を読むようになるとは思えない。そもそも、「読め！」と言っている大人自体、いったいどれくらいの本を日常的に読んでいるのだろうかという疑問もある。周りを見渡してみると、大人のほうに付く疑問符（？）のほうがはるかに大きいように思える。

仮にしょっちゅう読んでいるとして、どれくらいの大人が子どもに本の楽しさを伝えているだろうか？　こちらのほうに付く疑問符はさらに大きい。

私は、子どもがお父さんに連れられてプロ野球観戦に行く場合と同じだと考えている。ナイター観戦、照明が照らしだす芝生の美しさに心を奪われ、憧れのスター選手をワクワクしながら観たプロ野球の試合、今でも鮮明な記憶が残っている。子どもに大人が寄り添い、子どもが本に親しみ、本の楽しさを伝える大人がいる、こんな空間が大事ではないだろうか。

本を読むことの楽しさ、本の世界で得られる幸福感、本によって知らない世界を体験できるという面白さなどを多くの人に伝えたいと思って本書を著すことにしたわけだが、「書店に勤めていたというだけの人間が、そんな大それたことを……」と思われるかもしれない。確かに、知識人と称される人や読書家として有名な人たちが同じテーマで多くの本を書いている。事実、そのような本を私も読んできた。

では、どのように差別化を図るのか。本書では、裃《かみしも》を身につけて「本を読むべきだ」と言うのではなく、本にまつわるライブ感を伝えていきたいと思っている。つまり、机に向かって読書をするだけでなく、読んだ本に影響をされてその現場に行ったときのことや、本をつくっている出版社、そして印刷屋や製本屋のことなども書いていくことにした。

情けないことに、本の制作現場を見たことで「反省」という文字が頭の中に浮かび上がってきた。詳しくは「エピローグ」で語るが、これまでその過程を意識したことがなかったのだ。そんな反省を踏まえて、「本は知識を高めるもの」と考えている人たちに、「本はエンターテインメント！」と伝えていきたい。これまで私が体験したさまざまなシーンを挙げながら紹介していく「本の世界」、読了後、みなさんの頭の中に「感動」という文字が浮かぶことを願っている。

なお、本文中に登場してくる人物についてだが、外国人にはスペルを、故人に関しては生没年を記載し、現在も活躍されている方に対しては敬称を略させていただいたことをお断りしておく。もちろん、主な人物にかぎられるので、すべてではないこともご了承いただきたい。

もくじ

書店人のはんせい——本はエンターテインメント

第1章　本を友に

なぜ、本を読むのか

お酒の席、酔うほどに本の話をするという友人がいる。金融関係の仕事をしているこの友人は特別に読書家というわけではないが、時代小説が大好きで、とくに藤沢周平（一九二七〜一九九七）のファンである。

「藤沢周平の文章は、みずみずしい感じがいい。それに、どの物語も、最後は正義が勝つストーリーなので気分よく読み終えることができる」と言って、藤沢がつくり出す文章やそのストーリーに惹かれている。もちろん、藤沢原作の映画もすべて観ていて、「戦国の藩で、俺がいちばん好きな藩は海坂藩だ（笑）」と息巻いている。さらに、作品に描かれている山形の風景に憧れており、「ぜひ一度、庄内平野や鶴岡に行きたい」と力を込めて言っていた。

一番好きな作品は『蟬しぐれ』（上下巻、文春文庫）だと言うが、藤沢周平の娘である遠藤典子が書いたエッセー『藤沢周平　父の周平』（文春文庫）も読んでおり、藤沢に関しては少々うるさい。

この友人、趣味でギターを弾くせいか、『藤沢周平　父の周平』のなかに収録されている「禁じられた遊び」というエッセーがとくに好きだと言う。娘にギターをせがまれ、一緒にギターを買いに行く。モーリスのフォークギターを買ってきて、父藤沢周平自身が弦の張りなどをし、名曲『禁じられた遊び』を娘のために弾くという内容だが、その上手さに驚くという父親との思い出話である。

かつて、藤沢周平はクラシックギターをそれなりに弾いていたらしい。友人は、藤沢周平との共通項が自分にあることを自慢したいだけである。しかし、一人の大人として友人にすすめる本があり、酔うと語り出してしまうほど好きな作家がおり、子どもに対しても絵本や物語の話をすることができるなど、自らの「本の世界」をもっているという姿は実にカッコイイ！　たぶん、日常の生活も豊かなものだろう、と勝手に想像してしまう。

本を読むためには、「本を読みたい」という意志が働かなければならない。忙しい日常生活のなかで本を読む時間をつくって、読むことに熱中する。さらに、本を読むことを習慣化していくことで本の世界がさらに広がっていき、自らの世界がつくり上げられていく。読書とは、楽しむ、自分の時間がつくれる、知らない別世界に行けるなど、想像力が働くことで日々のストレスから解放されるという最高の行為である。それゆえ、私は日常生活から切り離すことができない。

本のちから

子どもが生まれ、自分が父親になるということは、まったく想像することができなかった。二五歳のときに長女が生まれ、夫婦だけの生活だった日常の空気感が変わっていった。すべての生活が子ども中心となり、今日は何をしたとか、笑ったとか、泣いたとか、話題は子どものことばかりとなった。親として、成長していく子どもにいったい何ができるのか。また、どのようなことを伝えていくことができるのか、と考えさせられた時期でもある。

私の場合、親としてできることは一緒に遊ぶことしかなかった。とにかく、室内外を問わず一緒に遊び、ともに楽しもうと思った。同時に、絵本や子ども向けの小説をたくさん読んであげて、子どもが本に親しむように努めた。そのおかげか、児童書に関する知識もかなり高まったように思っている。

美しいものを美しいと感じる心、思いやる気持ちをもち、悲しみや痛みが理解できる子どもになってほしい——これらの望みは、すべての親が抱いていることだろう。

絵本や小説には、遊びのなかで想像すること、人への思いやりや優しさ、動物との触れあいによる幸福感、花や樹木などといった自然の美しさ、そして生きることの喜び、死に対する悲しみや悼みなどといった深い思いが描かれているものが多い。それゆえ、子どもたちには絵本や小説の世界をスルーしてもらいたくない。

どの家庭でも経験したことがあると思うが、読んであげた本に対する子どもの反応は想像以上のものがある。面白くって仕方がないという感じで、連日せがまれ、「早く寝てくれ」と願うほど読まされることになってしまう。新しい発見や物語の楽しさなどを知り、本に夢中になっている子どもの姿を見ると、本来、人間というものは「本が好きなのだ」と改めて思ってしまう。

驚いたことに、絵本をはじめとして児童書には「超ロングセラー」と言われるものが多い。本屋に勤めていながら、子どもが生まれるまでは、こんなにも読み継がれている児童書があることを知らなかった。そして、悔しいことに、それらの本は読むとすべて面白かった。

子どもが本に親しみ、本を読むことが好きになること、それは大人の大切な役割であるような気がする。大人が興味関心をもって日頃から本に接しておれば子どもは読書好きになっていくだろうし、成長してからもその姿勢が変わることはない。「習慣化すれば読書は難しくない」と、私は思っている。

私が読んだことのある児童書のなかで、もっとも好きな作品を紹介しよう。タイトルは『赤毛のアン』（ルーシー・モード・モンゴメリ／きったかゆみえ訳、金の星社）である。ご存じのとおり、長く読み継がれている物語である。

私には子どもが二人いるが、ともに娘である。孫も女の子二人（男の子が一人）という家族構成のせいか、女の子向けの物語を読むことが多かった。そのなかでも、心を弾ませてくれる『赤毛のアン』が一番好きである。ちなみに、『赤毛のアン』は村岡花子訳の新潮文庫をはじめとして複数の出版社から刊行されているが、わが家では、娘から孫へと読み継がれてきた金の星社のものが愛読書となっている。

金の星社、1989年

養護施設から年寄りの兄妹、マシューとマリラの家に引き取られて、プリンス・エドワード島のアボンリ村にやって来たアン。髪の毛は赤色で、そばかすだらけの少女は決して可愛い子どもではなく、本人もそのことに劣等感をもっている。だが、話し好きで旺盛な想像力をもつアンは、家族、友人、先生などに恵まれ、豊かな自然環境のなかで成長していくという物語だ。

読んでいくと、引き付けられることがいくつかある。

アンには、どんなものにも名前（あだ名）を付けるという想像力がある。人の名前では、「真紅のバラ」と名付けたステラ・メイナード、「夢見る少女」と名付けたプリシラ・グラントなどがある。また、ある池のことを「かがやく湖水」と命名したり、サクラの木は真っ白いから「雪の女王」、並木道を「歓喜の白路」などと、次から次へとあふれるように名前を付けていった。

また、親友となったダイアナとの友情や、マシューとマリラの家族の一員になっていく情景にも引き付けられてしまう。とくに、マシューとの関係が好きだ。六〇歳のマシューは無口で、ほとんど話すことがないのだが、アンのおしゃべりをしっかりと聞いてあげている。なんでもないことだが、それによって二人は強い絆で結ばれ、アンは家族の一員となっていくのだ。言うまでもなく、子どもの話をしっかりと聞いてあげることの大切さを語っている。

大人を対象とした多くの小説は、人と人との関係を描くものが主流となっている。一方、子どもの物語は、人と自然であったり、人と動物であったりと多種多様である。その多様な対象は、さまざまなことを想像する力を子どもに培うことになり、その想像力があれば、どんな環境でも暮らしていけるということを教えてくれる。

一冊の本を読み終え、本を閉じてふっと思う時間や自らを見直す時間を私は大切にしたいと思っている。そして、子どもにその本を読んだときの感動や思い出の話をしてあげる。のちに子どもがその本を読んだ場合、子どもとの間に共通の話題が増えることになる。野外で遊ぶことも、面白い本を伝えることも、親子で遊ぶ行為としては同じである。さらに、親が子どもよりも遊びを楽しんでしまえば、子どもとの絆がより深まっていくはずである。「子どもと一緒に遊ぶことで親も成長する」ということを、この本を通して知った。

読書は体験である

現在、スマホなどの通信手段に依存しているという人がかなり多くなっている。このことは、学生だけでなく社会人にも言える。多くの人がスマホを活用しているということは、それを活用するだけの意味があるということでもある。情報を収集したり、会社に報告を行ったり、友人に連絡をする、またはゲームや映画などといった娯楽を楽しんでいるのかもしれない。確かに便利なものだし、活用に値するものなので否定するつもりはない。事実、私も活用しているが、その機能の一割も使っていないだろう。というか、使い切るだけの知識が私にはない。

先日、平昌《ピョンチャン》オリンピック（二〇一八年二月）のリポートをテレビで見ていたとき、画面に映っているリポーターが次のようなことを言っていた。

「言葉が分からないし、テレビもチャンネルが多くてどれを見ればいいのか分からなかったので、新聞でも見て、北朝鮮に関する韓国側の見解を知ろうと思ってコンビニに行ったんですが、日本のように新聞が売られていなかったんです。どういうことかと思って知り合いに尋ねると、とくに若い人はスマホで情報収集をしているので新聞を買う人がいない、と答えていました」

近い将来、日本のコンビニでも新聞が置かれなくなるのかもしれない。こんな状況、あまり想像したくないが、さてどうなることやら……。

活用度の高いスマホだが、そこから洪水のように流れてくる情報を受け流しているだけでは、大切な自分の時間を失っているのではないかと思ってしまう。個人の能力がより求められている現代社会、氾濫する情報のなかから選別し、適格に対応するだけの能力やコミュニケーション能力の高さがより求められている。これらの能力を高めるためには、さまざまな実体験が必要となる。体験することなく、これらの能力を高めることは難しいだろう。

「体験」という語句を『岩波国語辞典　第七版』（岩波書店、二〇〇九年）で調べると、「身をもって経験すること」とあった。「身をもって経験すること」の意味から考えると、洪水のように流れ、泡のように消えていく情報を追い掛けるだけの行為では、社会が必要としている「体験」を拒否しているのではないかと危惧される。民間企業だけでなく、公務員の世界においてもたくさんの体験をした人材が求められているという現実を、みなさんにも知って欲しい。

私は、読書を「貴重な体験である」と考えている。スポーツや映画・音楽を楽しむ、街歩きや旅行を楽しむことと同じなのだ。「なぜ本を読むのか」と聞かれれば、「本を読むことが楽しい」としか答えようがない。スポーツや映画、そして音楽が好きな人に同じ質問をしても同じ答えが返ってくるはずだ。

本を読む時間は、自分と対話している時間となる。「そうそう、私もそう思う」とか「そういう考え（方法）もあるのだ」などと独り言を言いながら本に語りかけている自分がいる。同じような経験をした人がたくさんいることだろう。言い換えれば、新たな自分を発見するという体験をしていることになる。

「スマホでゲームをしているうちの一時間でよい。読書をすれば、新たな体験をすることができる」と、断言したい。以下では、私の読書体験（行動）を少し綴っていくことにする。

読む時間はつくれる

四年ほど前のことである。朝の通勤電車、人身事故が理由で電車が大幅に遅れていた。ＪＲ高崎線の大宮駅の一つ手前、宮原駅で足止めという状態となった。その時点で約四〇分の遅れとなっていた。周りを見ると、ほとんどの人がケータイなどで会社に連絡をし、イライラしている。

そんななか、私一人が微笑みながら『村上海賊の娘』（和田竜、新潮社）を読んでいた。

案の定、電車は遅れに遅れ、会社には遅刻となる。しかし私は、長く電車に乗ることで本を読む時間が確保できたことを喜んでいた。このような心情、不謹慎であろうが、すでに時効ということで許していただきたい。

ところで、この『村上海賊の娘』、本書の出版社である新評論の社長も大好きで、かつて居酒屋で、この本の話だけでタイムオーバーになったことがある。「絶対に、この本を原作にしてNHKの大河ドラマにするべきだ」と社長は力説していたが、私の知るかぎり、その予定はないようだ。

日常的に本を読んでいると、ときどき夢中になってしまい、寝るのも惜しくなるようなときがある。そういえば、ミステリーの愛読者で、「夜、本を読みはじめて、気が付いたら朝だった」と言っていた人がいたが、仕事が繁忙期で、なかなか本を読む時間が取れないときにこのような本に出合うと、うれしい反面、ちょっと困ってしまう。

退職する前の数年を振り返ってみると、はまってしまった本が何冊かあった。当然、これらの本を読むために、何とか読む時間を捻出しなければならない。まずは、通常約六時間となっている睡眠時間を一時間か二時間減らし、読書時間にそれを充てることにした。

毎日、片道一時間一〇分ほど電車に乗って通勤していたが、ほぼ座っていけるので最大の読書時間であり読書場所でもあった。しかし、このような異常事態のときには、通常よりも一、二本早く電車に乗り、出勤前に喫茶店に入って読む時間をつくった。もちろん、お昼の休憩時間も本を読みながら食事をしていた。

このようにして電車や喫茶店で読むことを習慣にしていたのだが、ともに結構喧騒な環境である。しかし、どういうわけか集中して読めるから不思議なものだ。

時間を捻出してまで読んだ本を挙げると、『沖縄戦記　鉄の暴風』（沖縄タイムス社編、沖縄タイムス社）、『小澤征爾さんと、音楽について話をする』（小澤征爾×村上春樹、新潮社）、『その女アレックス』（ピエール・ルメートル／橘明美訳、文春文庫）、そして前述した『村上海賊の娘』である。

「極端では？」と思われるかもしれないが、本には生活時間を変更し、夢中になって読むだけの魅力がある。もちろん、このような体験をした本は一生忘れることのできないものとなっている。充実した読書体験、それに匹敵するだけの体験はそうあるものではない！　というのが私の格言である。

本を読むのにルールはない

本を読むスタイルに決まりはない。それぞれの読み方、楽しみ方がある。また本は、読みはじめたからといって最後まで続けなくてもよい。本人次第で、いつでも止めることができるのだ。想像していた内容と違って面白くない、読むことが面倒になってきた、ほかにすることができたなど、止める理由は千差万別、まったくもって自由なのだ。

さらに、読むスピードや本を読む場所、そして読む姿勢についても規制はない。ゆっくり読む人もいれば、「速読法」を用いて読む人もいるだろう。椅子に座って読む人もおれば、寝転がって読む人もいる。

ちなみに私は、狭い家のうえに兄弟が多かったので、子どものころは二段ベッドが私の読書場所となっていた。寝転がりながら、夏目漱石（一八六七～一九一六）や森鷗外（一八六二～一九二二）などの小説を読んで少年時代を過ごしてきた。今でも、寝転がりながら読むのが一番好きである。付け加えると、ビールを飲みながら椎名誠や山際淳司、そして片岡義男の本を読むということも、こよなく愛している読書スタイルである（第3章参照）。

日常的に走っていて、フルマラソン大会への参加も三〇回を超えている市民ランナーだが、どの大会でも苦しくなるときが必ずやって来る。そんなとき、もう一人の自分が、「まず一歩を出そう。そうすればゴールが近づくゾ」と叱咤する。ひょっとしたら、読書も同じかもしれない。次のページをめくるのか、それとも止めてしまうのか……すべて、本人次第である。

しかし、「もう一ページ」を繰り返して読み切れば、妙な満足感を味わうことができる。さらに、読み切った（完走）ことで、その感想を友人に自信をもって伝えることも可能となる。たとえば、「この本はつまらないから読まないほうがよい」ということも堂々と言えるのだ。

本だからといって、すべてが「ためになる」わけではない。ただ、読まないことにはその判断ができない。気になった本を手にしたら、マラソンのごとく「一歩ずつ」読み進めて、読了（完走）したうえで感想を誰かに伝えて欲しい。そうすれば、達成感は倍増するはずだ。

ところで、本という商品の特色はというと、多品種少量販売ということが挙げられる。ということは、同じ本を読んでいる人は少なく、それぞれ異なる本を読んでいる場合が多いことになる。さらに、人間の感性はそれぞれなので、同じ本を読んだとしてもその感想は十人十色となる。それだけに、一冊の本をめぐって友人と意見を述べあうという空間は面白い。

そんな空間をつくり出すために必要とされるもの、それは本がもっているエンターテインメント性である。

本はエンターテインメント

二〇一七年一二月一四日、今年も日本武道館に行った。矢沢永吉のコンサートである。毎年一回（公演を休止した年が一回ある）、永ちゃんのコンサートを観に行くというほどの大のファンである。コンサート会場である日本武道館は矢沢永吉の聖地でもある。一九七七年に行った初の武道館公演から四〇年、この年の五日間公演を加えると、一四〇回にも上るコンサートを永ちゃんは武道館で行っている。

コンサートの魅力の一つとして、開演前に起こる「永ちゃんコール」がある。鳴り止まないこの「永ちゃんコール」から、ファンの熱気と緊張が感じられる。さらに、矢沢永吉が現れた瞬間、熱気むんむんのファンを圧倒してしまうオーラ、これも大きな魅力となっている。六八歳（二〇一八年八月現在）とは思えない迫力ある歌唱力とパフォーマンスで、会場はさらに凄い熱気に包まれることになる。

ファンの年齢層は二〇代から六〇代とさまざまだが、どの年代もカップルが目立つ。恒例の「帰りに美味しいビール飲んで帰ってね」と叫ぶ永ちゃんの言葉どおり、帰りに妻とビールを飲んで、幸せな気分でいつも熊谷に帰っている。

小津安二郎（一九〇三〜一九六三）監督の映画も大好きで、ＤＶＤを買い求め、観続けて約三〇年になる。小津監督が脚本を書くのに常宿していた「茅ヶ崎館」[1]には三回も泊まりに行ったほど好きである。ちなみにこの旅館、国指定の有形文化財でもある。そんな趣の漂う一号室が、小津監督の宿泊していた部屋である。なんと私は、三回ともこの一号室に泊まらせていただいた。

小津映画を評して、同じく映画監督の周防正行が「小津映画は観て気持ちいい」と言った言葉が印象に残っている。私もまったく同感である。ちなみに、周防監督とは四年間、一緒に野球をした仲である。「打ち合わせ」という名目のもと、飲みに行ったときに聞いた言葉である。

「さすが映画監督」と言ってしまえば当たり前となるが、それにしても周防監督、本当にさまざまな映画を観ている。それに比べて、本に携わっている人たちは、同じように本を読んでいるのだろうかと思うことが多い。

　さて、本の話だが、私が言いたいことは「本もエンターテインメントである」ということだ。なんと言っても、本の最大の役割は読者に幸福感を与えることである。映画や音楽、そしてスポーツと同じく、人々を楽しませてくれる娯楽なのだ。それゆえ、著者と称される方や編集者をはじめとする出版関係者も、ジャンルを問わずにそのことを踏まえて本をつくって欲しいと思っている。

　一方、読者は、前述したように「読書＝勉強」と考えている人が多いわけだが、一つの娯楽と思って接すればこれほど楽しいものはない。勉強の場合は

かつて、ゴルフをした後に撮った写真。後列左端が周防監督で、前列左端が筆者

（1）〒253-0055　神奈川県茅ヶ崎市中海岸3-8-5　電話：0467-82-2003

覚えたことを忘れてしまったら意味がないが、娯楽としての読書の場合、忘れたからといって咎められることはない。また、勉強の場では常に答えを求められるわけだが、読書には答えがなく、読んだ人の感性で受け止めることができる。

　当然、取り組む姿勢も違ってくる。勉強する場合は、机の前にきちんと座ってしなければ身につかないと言われているようだが、前述したように、読書はどこで読んでもよいし、いかなる格好で読んでも本の世界に入っていけるという自由さがある。

「読まないといけない」という強迫観念が働く勉強に対し、「読みたいときに読む」という自主性の高い読書だが、実は後者のほうが結果的には勉強になる。本を読むことを習慣化して、感動し、忘れられない一冊が心に刻まれることで素敵な日々が送れるのだ。「感動の一冊は、浦和レッズがＡＣＬチャンピオンになったときに匹敵する」と、私は思っている。なぜなら、私は浦和レッズのファンで、ファンクラブの会員でもあるからだ。

私の本棚

日本の川やカナダのユーコン川など、国内外の川を旅してきたカヌーイストでありエッセイストの野田知佑《ともすけ》は、『日本の川を旅する』（新潮文庫）をはじめとして旅エッセーをたくさん著している。それらの著書には、野田がこれまでに読んできた本の記述がある。そう、野田のカヌー旅のお供はお酒と本だったのだ。

ちなみに、ユーコン川とは、カナダの北西部からアメリカ・アラスカ州を経てベーリング海に注ぐという、総延長三七〇〇キロにもなる大河である。旅行番組などでもよく紹介されているので、ご存じの人も多いことだろう。

野田のエッセーに『川を下って都会の中へ』（新潮文庫）というものがある。そのなかに、強く記憶に残っている文章があるので紹介したい。

> だから今回は持っていくもののリストの中に本五〇冊、ギター、折りたたみの椅子を入れた。本は読んだところを片っぱしから破り、燃して重量を軽くすればいいし、ギターも海に出たらエスキモーにくれてやるつもりだ。（前掲書、四八ページ）

旅の途中なので、単に荷物を軽くするための対応策であろうが、そのほかの著書から推察すると、焚き火を燃やすときに使ったり、人にあげてしまうなど、読み終えた本は処分するというのが野田の基本的なスタンスになっているようだ。わが家の事情もあったが、身を軽くすることによって新しいものがより入りやすくなるかもしれない、とかつて考えたことを思い出してしまった。

家の本棚には約二〇〇〇冊の本が収まっている。この冊数が多いのか、それとも少ないのか、正直に言って私には分からない。周りの人たちに尋ねると、ほとんどの人が「そんなにあるの！」と答えるから、たぶん多いほうなのだろう。書店に勤めていたことが影響している、とも言える。ちなみに、ジャンルは、小説、評論、ノンフィクション、紀行エッセー、そして冒険探検ものとなっている。

本を占めているスペースを家族から苦言されたことはないが、狭いわが家では、「厄介な存在」であることは間違いない。先日、河口湖に住んでいる出版業界の先輩が次のように言っていた。「古本屋に豪華本と専門書含む約二〇〇〇冊の本を引き取ってもらったが、総額で数万円だった」

私の本棚にある本は、この先輩とは対照的なものばかりなので、貨幣価値はかぎりなくゼロに近いような気がする。要するに、経済的にはほとんど貢献しない本が狭いわが家のスペースを占拠しているわけだ。なぜ、本棚に約二〇〇〇冊の本を収めているのかという理由を考えてみた。

❶子どもや孫たちに、本に親しむことを伝えたい。

❷楽しむことが読書なので、楽しめる本は手放せない。

❸自分が過ごしてきた時間の証《あかし》である。
❹未読のものと、再読する機会を待っている本である。
❺外出するときや旅行に行く際、選書するという楽しみがある。
❻ファッション感覚であるが、本のある風景が好きである。

❹の「再読する機会を待っている」ということについて説明すると、改めて話題となってマスコミなどで特集が組まれる、作品が映画化される、作家が死去されるなどでスポットが再びあてられることでその本を読みたくなる、ということである。事実、最近も再読したくなり、本棚からおもむろに取り出して読んだ本がある。『若冲』（澤田瞳子、文藝春秋）、『沈黙』（遠藤周作、新潮社）、『全・東京湾』（中村征夫、情報センター出版局）、『美しい国へ』（安部晋三、文春新書）、『関が原（全三巻）』（司馬遼太郎、新潮文庫）などである。

原稿を書くためにこのような整理をしていた二〇一七年四月、六四歳の誕生日として妻から『騎士団長殺し（第一部・第二部）』（村上春樹、新潮社）をプレゼントされた。村上春樹の新刊は必ず読むことを知っているがゆえの妻からのプレゼントだった。

経験上思うことだが、本を贈り物にするということは、贈る側にもその本に対する思いがあることになる。そこには、贈る側と贈られる側の双方に、本に表されている言葉や文章が好きであるという感覚が存在する。

もし、妻が『騎士団長殺し』を読んだとしたら、それは一緒に楽しめる本となる。またそれは、一緒に話せる共通の言葉をもっているということにもなる。さらに、日々の生活のなかで『騎士団長殺し』を目にすることになれば、二人にとってこの本は忘れられないものとなる。「本棚に一緒に楽しめる本がある」――私にとっては、とても大きな存在である。

実は、妻に「『騎士団長殺し』を読んだの?」とは今に至っても尋ねていない。改めて聞くのも恥ずかしいので、本書ができ上がったときに、プレゼントするとともに尋ねることにする。

ライフワークとなっている読書だが、現在一週間で読む冊数は、平均すると一・二冊となっている。仮に八〇歳まで健康で、今のペースが維持できたとして、最大九〇〇冊の本が読めることになる。本棚にある冊数の半分にも満たないが、本のある風景を眺め、読む本を選書するという行為を楽しみたい。

そして、たまには喫茶店に行き、美味しいコーヒーを飲みながら二、三時間、ゆっくりと一冊の本と遊ぶことを楽しみたい。ひょっとしたら、これから読む本のなかから「人生の一冊」が見つかるかもしれない。その瞬間を期待して、これからも「読書の旅」を続けていくことにする。

第２章　本の魅力

一時間でよい、読書をすれば新しい世界が待っている！

ハンター・デイヴィス（Hunter Davies）という人が書いて、草思社から一九六九年に出版された『The Beatls』（小笠原豊樹・中田耕治訳）という本がある。ザ・ビートルズをはじめとして洋楽に夢中になっていた高校時代、ビートルズのほか、ローリング・ストーンズ、クリームなどのＬＰレコード（当時一七〇〇円だった）を買うために、朝刊の新聞配達をして小遣いを稼いだ。放課後に行っていた部活がサッカー部だったので、多少なりともこのアルバイトは訓練になったと思っている。

とくにビートルズが大好きだった私は、一六歳の高校一年生のときにこの本が出版されていることを知った。定価八八〇円（当時としては高額）であったが、どうしても欲しかった。メンバ

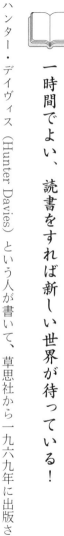

草思社、1969年

ー四人の生い立ち、出会い、結婚、バンド結成の経緯やバンドそのものの歴史、そして公演活動を停止するころまでの話が書かれた本である。もっともっとビートルズのことを知りたいという思いが勝り、その本を買って一気に三、四回繰り返し読んだという記憶がある。

若者は、親の言いつけや昔からの風習の枠にはまってしまうと、そこから新しいものは生まれてこない。若者は、もっと発想や行動が自由であっていい、ということをこの本から教わった。掲載されている写真のカッコよさも手伝って夢中になり、私にとっては忘れられない本となっている。繰り返し読んだことが理由で、今でも内容をしっかりと覚えている。

考えてみれば、「知らない世界を知りたい」という気持ちに初めてさせられたのがザ・ビートルズであった。本を読むことによって、自分の知らない世界、そして自分の知りたい世界を垣間みることができるのだ。「しあわせ！」という言葉しか出てこない。

かなり経ってからだが、東京・六本木にあった「キャバンクラブ」という、ザ・ビートルズのコピーバンドが生演奏をしている店に友人たちと行ったことがある。その場で、友人たちに語ったビートルズのうんちくを想像していただきたい。みんなが耳を傾けているなか、一人がおもむろに言った。

「演奏している間は黙ってろ！」

この本は、草思社という出版社の処女出版であるということをのちに聞いた。同じ業界ということで草思社にも遊び友達がいる。もちろん、働くようになってから知り合った人物である。その人に、「『The Beatls』という本、高校生のときに何度も読み返した本なんです」と伝えたら、「それはうれしい！　なかなか読者の生《なま》の声を聞くことがないし、取引先の人見さんが読んでくれていたなんて感激です」という言葉が返ってきた。

もちろん、このときに処女出版であることを聞いたのだが、これ以後、ビジネス上でも草思社とは友好な関係が続けられるようになった。つまり、売れている本を優先的に納めてくれたということだ。

草思社が出版していたこの本は、「増補版」をして現在も発売されており、在庫もある。また、河出文庫からも『増補完全版　ビートルズ（上下）』が発売されているので、ぜひ読んでいただきたい。

とんでもないロングセラー

一九六七年に福音館書店から発売され、二〇一八年の段階で「第一三三五刷」というロングセラーの本がある。タイトルは『モンゴル民話　スーホの白い馬』（採話・大塚勇三、画・赤羽末吉）という。「最近は売れても瞬間」と言って嘆く出版社の営業マンをたくさん知っているが、そんな彼らからすればよだれが出る本となる。

プライベートなことだが、「私の一冊」となる本の基準を決めている。それは、「幸福感を与えてくれるもの」である。絵本、小説、ノンフィクション、ジャンルは問わず、すべてにこの基準を当てはめている。日常生活のなかで幸福感を味わえることは少ないが、一冊の本で幸福感を味わえることがたくさんある。その筆頭となるのが、ここで紹介する『モンゴル民話　スーホの白い馬』であり、長きにわたって私が愛読している絵

福音館書店、1967年

本である。

モンゴルに馬頭琴《ばとうきん》という胡弓の一種とされる楽器があるのだが、この本は、その楽器の由来について書かれたものである。

ある日、羊飼いの少年スーホが怪我をしている白い馬を連れて帰ってくる。その後、スーホと白い馬は強い絆で結ばれていく。月日は流れ、王様が主催する町での競馬大会があり、この白い馬も参加して優勝するのだが、王様が白い馬に魅せられてしまい、スーホを騙して白い馬を取り上げてしまった。

王様はこの白い馬に乗ろうとするのだが、馬は暴れて逃げてしまう。それに怒った王様、兵士に弓で討つように命じ、実際に討たれてしまう。それでも何とかスーホの家まで馬は帰ってきたが、死んでしまった。悲しみに沈むスーホに、ある晩、夢の中でこの白い馬が話しかけてきた。

「そんなに、かなしまないでください。それより、わたしのほねや、かわや、すじやけを使って、がっきを作ってください。そうすれば、わたしはいつまでも、あなたのそばにいられます。あなたを、なぐさめてあげられます」（前掲書より）

これを聞いたスーホは、夢中で楽器をつくり上げた。その楽器の美しい音色は、モンゴルの草

原中に広がり、一日の疲れを癒してくれたという物語である。

この物語の舞台は、草原の国モンゴルである。最初のページには、大きな虹（赤・黄色・青）が草原全体に懸かっており、広い草原に一つのゲル（モンゴルの家）と羊の群れが描かれている。自然と動物が人間と共存していく様子が想像できる絵となっている。

スーホは怪我をした白い馬を助けて、固い絆のもと、一緒に生活をしていくことになった。しかし、理不尽な死を迎えてしまった。確かに理不尽な死ではあったが、ともに生きた時間は消えることがなく、完全に存在し、白い馬の魂は生き続けているのだということを教えてくれる本である。

現在、「ホースセラピー」という治癒術を採用している施設が全国に広まっていると聞く。身体に障がいのある人を対象にしているところが多いとも聞くが、精神的なことも考えるとその対象者は広いようだ。このような施設で、この本が読まれることを密かに願っている。

正直なところ、モンゴルという国のことはあまり知らなかった。横綱をはじめとして角界に多くの力士がいるため、スポーツ好きの私の場合よく耳にする国なのだが詳しくは知らない。しかし、改めてこの絵本を見て、一部であるがモンゴルという国を想像することができた。スーホと白い馬に感情移入してしまう悲しい物語であるが、死んだ白い馬は馬頭琴《ばとうきん》となって、その魂は生き続けているという心温まる絵本であった。

言うまでもなく、この絵本と出合えたことは幸福であった。繰り返すが、それだけに一冊の本を読むことは大きな「体験」である、と考えている。それゆえ、馬頭琴のコンサートがどこかで行われていないかと、本書の原稿を書きながら探してしまった。

忘れられない本がある――共通するのは記憶に残る言葉

二〇一六年三月二七日、NHKBSプレミアムで『星野道夫没後二〇年〝旅をする本〟の物語』が放映された。星野道夫（一九五二～一九九六）のファンをはじめとして、番組をご覧なった人も多いことだろう。

星野道夫の遺作となり、アラスカでの生活を綴ったエッセー『旅をする木』（文春文庫）の「木」に一本の線を引いて『旅をする本』としたことから、人から人への本の旅がはじまる。そういえば、当時、バックパッカー同士で読んだ本を取り替えるということが流行っていた。

スペインのカディス（Cádiz）からスタートして、旅人や写真家、冒険家、または生態学者たちに引き継がれ、ヨーロッパからアジア、南極、北極と一二万キロを旅している。道化師であり、ミュージシャンでもあるドリアン助川が『旅をする本』をリレーした当事者たちを訪ね、その本

文春文庫、1999年

の魅力や思いといったものを取材したドキュメンタリー番組である。

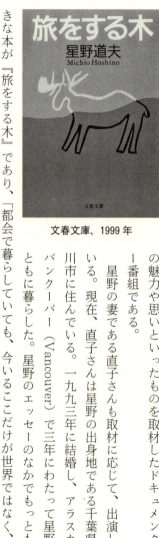

星野の妻である直子さんも取材に応じて、出演している。現在、直子さんは星野の出身地である千葉県市川市に住んでいる。一九九三年に結婚し、アラスカのバンクーバー（Vancouver）で三年にわたって星野とともに暮らした。星野のエッセーのなかでもっとも好きな本が『旅をする木』であり、「都会で暮らしていても、今いるここだけが世界ではなく、もっと大きな世界があり流れているということを夫から教わり、励まされ、元気づけられている」と番組で語っていた。

頬を撫でてゆく風の感触も甘く、季節が変ってゆこうとしていることがわかります。アラスカに暮らし始めて十五年がたちましたが、ぼくはページをめくるようにはっきりと変化してゆくこの土地の季節感が好きです。

人間の気持ちとは可笑しいものですね。どうしようもなく些細な日常に左右されている一方で、風の感触や初夏の気配で、こんなにも豊かになれるのですから。人の心は、深くて、

> そして不思議なほど浅いのだと思います。きっと、その浅さで、人は生きてゆけるのでしょう（前掲書、一二〜一三ページ）

このくだり、私が一番好きなところである。先に述べたように、走ることを習慣としており、荒川の土手などをよく走っているのだが、風の感触を味わい、季節が変わっていく瞬間を感じるときがある。土手一面に菜の花が咲き、朝陽を受けて走っているとき、何とも言えない幸福感を感じてしまうのだ。その心情を、星野が具体的に表してくれたと思っている。

『旅をする本』をリレーした人たちが共通して述べていることは、星野の文章がポエジーであり、自然の描写も大自然の根源的なことをベースに書かれ、文章の美しさに惹かれ、旅が意義あるものと実感させてくれた本である、ということだった。ここで引用したのも、星野のポエジーある文章をみなさんに読んでいただきたいと思ったからだ。

北海道を中心に活躍している写真家の阿部幹雄も、『旅をする本』をリレーした一人である。阿部は、一九八〇年、北海道山岳連盟ミニャ・コンガ偵察隊に撮影班として参加した。頂上直下で一人が滑落して、ロープで結ばれていた七人全員が谷底に落ちていく様子を、撮影のために隊から離れていた阿部は間近で見てしまった。番組で阿部が言う。

「滑落していく人の表情を間近に見る。最後まで最後の一瞬まで眼をみていた。その眼は一生忘れることができない」
このことが阿部のトラウマとなって、ずっと苦しめてきた。その心情を著したのが『生と死のミニャ・コンガ』（山と渓谷社）である。この本が出版されたとき、阿部はリレーされた『旅をする木』を読み、ある文章に心を奪われた。

遭難現場でTの母親と会った。子どもの頃から世話になっているぼくにとって、彼女は自分の母親のようでもあった。変わり果てたTを見つめ、涙さえ見せなかった。そればかりか、〝あの子のぶんまで生きてほしい〟と、優しく微笑みながら言った。立場が逆転し、しきりにぼくが励まされていた。Tの身体もピッケルも無残に壊れてしまったのに、なぜかカメラだけは無傷だった。

今考えると、その出来事は自分の青春にひとつのピリオドを打ったように思う。ぼくはTの死からひたすらたしかな結論を捜していた。それがつかめないと前へ進めなかった。一年がたち、ある時ふっとその答が見つかった。何でもないことだった。それは「好きなことをやっていこう」という強い思いだった。Tの死は、めぐりめぐって、今生きているという実感をぼくに与えてくれた。気がつくと、遭難現場でTの母親に言われた言葉に帰っていた。

（『旅をする木』七七ページ）

星野が二一歳であった一九七四年、中学時代からの親友が新潟焼山《にいがたやけやま》（二四〇〇メートル）の噴火に巻き込まれて亡くなっている。本のなかで、その友人の死について綴った文章である。阿部は語る。

「私と同じように苦しんでいる人がいた。悩む者には救いであった。また、どのように克服していったのかが書かれており、励まされた」

星野が体験したことを本で読む。その言葉や文書に刺激を受け、励まされ、生きる力をもらう。これこそが本の魅力であろう。

引用した一節のなかで、「Tの身体もピッケルも無残に壊れてしまったのに、なぜかカメラだけは無傷だった」という文章が私には気になってしょうがない。勝手な想像だが、「カメラ＝親友への強い思い」が星野を写真家にしたのではないかと推察している。

ご存じのように、星野は大変な旅人であり、冒険家でもある。一九六八年の夏、一六歳のときにザック一つを持ち、一人で横浜港から海を渡ってアメリカを旅している。また、大学生のある日、神田神保町の洋書専門店でアラスカの写真集に出合って魅せられてしまい、二一歳のときにアラスカのミシュマレク村を訪れ、三か月間滞在して鯨漁キャンプに参加したりもした。

そして、二三歳（一九七五年）に再訪し、写真の修行を行ったあと、二六歳になったとき本格

「没後20年特別展　星野道夫の旅」のチケット

的に暮らすためにアラスカに渡った。それ以後、アラスカで暮らすことになったわけだが、テレビ撮影のために訪れたロシアのカムチャッカ半島のクリル湖畔で、就寝中、熊に襲われて亡くなった。四四歳という若さであった。

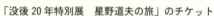

星野が著した写真集には、カリブー（トナカイ）、ムース（ヘラジカ）、グリズリー（ハイイログマ）や、自然のなかに入り込んで撮影したものが収録されている。もちろん、アラスカでの暮らしを描いた『イニュニック［生命］アラスカの原野を旅する』（新潮文庫）、『ノーザンライツ』（新潮文庫）、『長い旅の途上』（文春文庫）、『森と氷河と鯨』（世界文化社）などといったエッセーもあるが、没後二〇年が経った現在も、多くの人に読み継がれていると聞く。

二〇一六年には、「没後20年特別展　星野道夫の旅」が銀座の松屋で開催された（八月二四日〜九月五日）。連日満員と聞いていたが、私が行った最終日は超満員で、星野道夫の人気の凄さを改めて感じた。アラスカの大自然やそこで暮らす人々の写真、ホッキョクグマをはじめとした野生動物などの写真が約二五〇点、そしてそこに、心に残る文章があわさるという素晴らしい展示会であった。

記憶に残る言葉に出合うことを求めて本を読んでいるところがある。私にとって、それを具現化してくれる作家の一人が星野道夫であった。

ちなみに、映画の世界に置き換えると、本における言葉が「音楽」であると考えられる。映画は音楽によって、さらにストーリーが人々の記憶のなかに留まる。映画音楽が映画全体を支配し、その印象も音楽によって大きく左右されている。

言うまでもなく、本の場合、文章を構成しているのは言葉である。本を読むということは、単に活字を追っているのではなく、著者が選んだ言葉を読み解く行為となる。私の場合、心に響く言葉や、きれいな文書に出合うために本を読んでいるような気がする。ちょっとキザだが、これが本に魅力を感じているところである。

本を出版するという高揚感が手伝って、先日、ある酒席でここに書いたような話をしたことがある。同席していた一人の「言葉」が忘れられない。

「そう思っているなら、もう少しまともなダジャレを考えたら」

第3章　作家との出会い

一冊の本との出合いが理由で読書が生活の一部となり、さらに本への関心が広がり、自身の問いかけとして人生観や世界観を培ってきたような気がする。まさに、読書のおかげである。

本との出合いは、書店の店頭や新聞・雑誌に掲載される書評欄を見てというケースもあるが、私の場合、好きな作家から影響を受けることが多い。好きな作家を挙げれば、井上靖、司馬遼太郎、吉村昭、宮本輝、村上春樹、池澤夏樹、沢木耕太郎、山際淳司などとなるが、この人たちがどのような本を読んできたのかと、小説やエッセー、または雑誌の特集などに掲載・紹介されている本につい興味がいってしまう。

このように多くの作家から、歴史小説、日本文学、海外文学、紀行文学、冒険・探検本などに至るまで、さまざまな影響受けて読書を楽しんできたわけだが、上記の作家以外にも多大なる影響を受けた二人の作家がいる。ここでは、その二人を紹介していきたい。

植草甚一からすべてを教わった

植草甚一（一九〇八～一九七九）の風貌とその様子を的確に表している文章があるので、まずそれを紹介しよう。

私が経堂で暮らしたのは一九七〇年より少しあとのことになるが、それでもやはり、街を歩いているとよく植草甚一に出くわした。赤とか青とか紫とかの派手な色の服を着て、さまざまな形の帽子をかぶり、いつも重そうな鞄か本の包みを持って歩いていた。また、私が家から駅までの往復の途中で遠藤書店に寄ると、奥で椅子に座り、古いアメリカのグラフ雑誌や均一本に眼を通している植草甚一の姿を見かけることもあった。（『バーボンストリート』沢木耕太郎、新潮社、一九八四年、二一九～二二〇ページ）

東京・日本橋に生まれ、文学、映画、音楽などの評論活動とあわせ、欧米を中心としたサブカルチャーの旗手として植草は人気があった。通称となった「J.J」の由来は、映画評論家のとき、著書に甚一の頭文字「J」を使った際、語呂がいいので「J.J」となったらしい。

私は「J.Jおじさん」になりたかった。二〇代のころ、本の世界をはじめとして映画・音楽など、すべて植草甚一から教わったようなものである。ヒッチコック（Alfred Hitchcock, 1899〜1980）の映画を観たのも、チャーリー・パーカー（Charlie Parker Jr, 1920〜1955）を聴いたのも、アメリカの小説やミステリーを読みはじめたことも、すべてJ.Jおじさんから教わった。

社会人になった一九七二年から数年間、ひたすら東京の街を歩いていた。休日といえば、新宿、渋谷、外苑通り、表参道、青山通り、六本木通りをブラブラしていた。文学・映画・音楽・建築物・車など、アメリカ文化に傾倒していた私は、都内のオシャレな街を歩くことで、少しでもアメリカ文化の匂いを感じていたかったのだ（今、このような話をすると、妻以外の全員が無視をする。結婚前、妻も一緒にブラブラしていた）。

街を歩く若者ファッション（自分も若者であったが）を見るのも楽しみで、当時は男女ともパンタロンのスラックスが流行していたという記憶がある。男性ファッションの「ＪＵＮ」や「ＶＡＮ」といったアイビールックは、この時期あたりから陰りを見せはじめていた。

東京の街を歩いていたこのころ、頻繁に音楽コンサートを聴きに行っていたことを思い出す。日比谷野外音楽堂や神田共立講堂などに行き、吉田拓郎、井上陽水、かぐや姫、チューリップ、赤い鳥、六文銭などのアーティストの音楽を楽しんでいた。みんな若かった、フォークソング全盛の時代である。

洋楽も、イギリスロックだけではなく、ビーチボーイズ、ドアーズ、ジミ・ヘンドリックス、ジャニス・ジョップリンなどのアメリカロックや、チャーリー・パーカー、マイルス・デイヴィス、ジョン・コルトレーンなどといったジャズへと音楽の幅を広げていった。ちなみに、これらのアーティストのレコードは現在でも保存しており、時々ジャケットを見てはその当時のことを懐かしんでいる。

そして映画も、『卒業』『イージー・ライダー』『明日に向って撃て』『ひまわり』『ある愛の詩』『ウッドストック』『アメリカングラフィティ』『ゴットファザー』『スティング』などのアメリカ映画を中心に観に行っていた。

アメリカかぶれをした私は、先に述べたように、高校時代に読んだ『The Beatls』（草思社）に感銘して以来、映画・音楽関係の本を読むことが「大好き」という状態になっていた。それが理由であろう。必然的に「晶文社」という出版社が発行している本との出合いが生まれた。

当時、晶文社の社屋は千代田区外神田にあった。すぐ裏を神田川が流れているというロケーションである。二〇歳のころ、憧れもあってこの社屋を見に行った。出版社というのだから「大きな白いビル」と勝手に想像していたのだが、「えっ、これが……」というのが実感であった。つまり、古い民家のような感じがしたのである。しかし、なぜかとても嬉しく思ったことを覚えている。

このような建物から生み出される本が私の愛読書となった。晶文社の本はアメリカの匂いがし、タイトルを含めてブックカバーの素敵な本が多かった。アメリカ文化に傾倒していた私、晶文社の世界にはまっていくことは自然な成りゆきだった。

晶文社は、なんと言っても歴代の編集者が素晴らしい。創業者の一人でもある小野二郎（一九二九〜一九八二）をはじめとして、津野海太郎（一九三八〜）、長田弘（一九三九〜二〇一五）、高平哲郎（一九四七〜）など、単に本の世界だけでなく、さまざまなジャンルで活躍するという多才な顔ぶれとなっている。読者に愛される本が刊行されている所以であろう。

現在も、大切に読み続けている晶文社の本がある。

『奇妙な果実――ビリー・ホリデイ自伝』（ビリー・ホリデイ／油井正一・大橋巨泉訳）、『チャーリー・パーカーの伝説』（ロバート・ジョージ・ライズナー／片岡義男訳）、『ミ

かつての晶文社の社屋（写真提供：株式会社晶文社）

ンガス——自伝・敗け犬の下で』（チャールズ・ミンガス／稲葉紀雄他訳）、『ロックの時代』（片岡義男編・訳）、そして片岡義男の小説『ロンサム・カウボーイ』とエッセー『10セントの意識革命』である。とくに後者は、植草甚一の本と同じぐらい触発された本であった。

一九五〇年代から一九六〇年代のアメリカを知る

『10セントの意識革命』は、一九五〇年代の「アメリカ」を語った本である。一九五三年生まれの私は、当然、この時代の「アメリカ」のことはまったく知らない。そんな私が「アメリカ」に少しずつ関心を抱くようになったのは、わが家にテレビが入ってからである。テレビが入ったのは東京オリンピック（一九六四年）の二年前、一九六二年だったと記憶している。テレビに映り出されるアメリカのテレビドラマにカルチャーショックを受けた。

記憶されている人も多いだろう。西部劇ドラマの『ローハイド』『ララミー牧場』『ライフルマン』、そして戦争ドラマの『コンバット』の大ファンで、毎週見ていたのだが、それ以上に衝撃だったのが『名犬ラッシー』である。

芝生のある庭とガレージ付の家、大型冷蔵庫に大型テレビ、ガレージにはアメ車が収まっている。家の中でも靴をはいたままで、フォークとナイフを使って、ちゃぶ台ではなくテーブルで食事をしていた。そして、主役のコリー犬、驚いたことに家の中で飼われていた。どれもこれも別世界のものであった。

このような衝撃を受けてから約一〇年後、『10セントの意識革命』が発売された。私が二〇歳のときである。前述したように、当時はアメリカ文化に傾倒していたわけだが、一九五〇年代から一九六〇年代初頭のアメリカをまったく知らなかった私には、本当にありがたい本となった。

この本は、片岡が一九七〇年八月から一九七三年八月までに書いたさまざまな文章を集めたものである。構成は「Ⅰアメリカの一九五〇年代」、「Ⅱ漂泊者のためのバッググランド・ミュージック」、「Ⅲ『マッド』自身はどのように円環を描いたのか」、「Ⅳニューヨークからカウボーイ・カントリーへ」となっている。このなかで、「Ⅰアメリカの一九五〇年代」をとくに興味深く読んだ。

晶文社、1973年

一九五〇年代のアメリカについて片岡は、「主として物量に換算して考えることの可能なありとあらゆるものが、人類がかつて一度も経験したことがなかった強大なスケールへと、いっきょに拡大されていった時代だった」（前掲書、一三ページ）と述べている。

そして、一九五〇年代のアメリカへの思いは、コミック・ブックとジェームズ・ディーン(James Dean, 1931〜1955)であり、エルヴィス・プレスリー(Elvis Aron Presley, 1935〜1977)とロックンロールだったと語っている。

コミック・ブックとは劇画の雑誌のことであるが、パンフレットに近いつくりで、一冊が一〇セントであるという。いろんな種類があって、西部劇、探偵劇、スーパーマンやバットマンのようなもの、動物を主人公にしたディズニー風なものと、全三二ページの内容はさまざまなものであったようだ。

コミック・ブックのなかで片岡が強く引かれたのが、怪奇、恐怖、奇怪なファンタジーだった。アメリカでは学識経験者や良識者の側からの批判が強く、大きな社会問題となって、最終的には内容規制がされたということである。私が小学生のころ、友人の兄がコミック・ブックを持っていて、一度見たような気がするがハッキリと思い出せない。

ところで、『理由なき反抗』でのジェームズ・ディーン、つまり若者のある種の絶望感がその時代のアメリカを語っているように思う。大人たちの世界にいくら反抗しても、抵抗しても、時代はそのまま進み、その進んだ先は、とりかえしのつかない絶望的なものであるにちがいない、ということだ。

自分の意識をいくら拡大してみても、それとは無関係に時代は突き進む。そんな苛立ちが抑制できない時代にロックンロールがやって来た。若者の強烈な感情がロックンロールに叩き出された。その象徴的な存在がエルヴィス・プレスリーであった。

一九五〇年代のアメリカの若者は、ある種の絶望感に苛まれていた。そんな若者たちの意識革命の根底にあったのが、一〇セントのコミック・ブックとジェームズ・ディーン、そしてロックンロールであった。片岡はその比喩として、『10セントの意識革命』を著したのではないかと勝手に解釈している。

この本は、私自身が一九七〇年以降にどのようにつながっていくのかという意味で興味深く読んだ記憶がある。もちろん、この本によって「アメリカの一九五〇年代、一九六〇年代」を完全に知ったわけではないが、それまで自分がもっていた世界観や価値観がシャッフルされたことだけは間違いない。読んだことで新しいものを受け入れる態勢ができただけに、私にとっては貴重な本となった。

この本を読んで以来、片岡義男ファンになったわけだが、のちに発表された小説『スローなブギにしてくれ』『彼のオートバイ、彼女の島』『湾岸道路』『ボビーに首ったけ』などの作品ももちろん愛読書となったし、約四五年が経った現在も、『片岡義男31 STORIES（1・2）』（晶文社）を、ビールを飲みながら楽しんでいる。

再びJ.Jおじさん

先ほど述べたように、晶文社の本のなかで最高の愛読書となったのが植草甚一の本である。植草は一九七九年一二月七一歳で亡くなったわけだが、蔵書の数が約四万冊、レコードが約四〇〇〇枚だったそうだ。レコードは、放送作家となっていた髙平哲郎の仲介でタモリが全部買ったという。

髙平哲郎は、晶文社創業者の一人である小野二郎の義弟になる。髙平がインタビューした本『みんな不良少年だった』(白川書院)は、映画ファンにとって貴重な一冊となっている。なんと言っても、インタビューした相手が凄い。川谷拓三、室田日出男、藤竜也、渡哲也、原田芳雄、菅原文太、由利徹、日野皓正など、当時輝いていた二三人なのだ。もちろん、今でも書棚にしっかり収まっている。

それから二十数年後、私の好きだった植草のレコード全部を買ったタモリの著書『新訂版 タモリのTOKYO坂道美学』(講談社)を読みながら、私は東京の坂道を歩くことになった(第6章を参照)。

さて、J.Jおじさんだが、『ぼくは散歩と雑学がすき』や『雨降りだからミステリーでも勉強しよう』、そして『映画だけしか頭になかった』を読んだとき、その知識欲に驚いてしまった。どの話題に対しても深く響く旺盛な好奇心を示しており、驚くとともに大きな影響を受けてしまった。以下では、おこがましいことだが、この三冊について私なりの書評を書いていくことにする。「そんな古い本の書評をしても……」と思われる人が多いことだろう。でも、私の目には、そんな人が書店でこの三冊を探している姿が映っている（さすがに、アマゾンに注文する人の姿は見えないが……）。

『ぼくは散歩と雑学がすき』（晶文社、一九七〇年）

まず、読んでいる雑誌や新聞の多さに驚いた。「ニューヨーカー」「サンデータイムズ」「エスカイア」「ニューズウィーク」「プレイボーイ」「ライフ」「エヴァーグリーン・レビュー」「ランパーツ」「ヴィレッジ・ヴォイス」などであるが、それらのなかから、何か面白くて刺激になるものはないかと探していき、植草なりの基準と判断で取り上げていく。その旺盛な好奇心によって培われていった深い知識をベースにした、読解力と反応の鋭さには驚くばかりである。

こんな植草が、一九七〇年のアメリカの作家・文学論・芝居・政治・マリファナ・ＬＳＤ・黒人差別・警官の越権行為・ホモセクシュアリティ・ベトナム戦争・公衆便所事情などについて語るというのがこの本である。まさにサブカルチャー！　アメリカ文化の匂いを感じたくて都内をフラフラと歩いていた私には大変貴重な本となり、何度か再読している。

お気に入りのテーマがいくつかあったが、一つだけ手短に引用してみたい。一九六〇年初めにヒップ論があり、雑誌「コスモポリタン」なども特集した「ヒップとは何か、スクエアとは何か?」である。

「ヒップは夜の時間がすきだ。朝の九時から午後五時まではやりきれない。そのあいだの八時間というのは、つまり働いて報酬をうけ、その金を浪費しているスクエアたちの時間だから。スクエアのための時間。そんな時間でうまった世界は荒涼としているし、刺激がない。歩く気にもなれない世界だ」と書いたのは「コスモポリタン誌」である。

肝心なことは、いったい自分はヒップなのかスクエアなのか、という問題だ。一九五〇年代から一九六〇年代のアメリカは物質文明の真っただ中でもあり、日本から見れば、何不自由のない生活をしているわけである。その時代の日本は戦後の復興期にあたり、高度経済成長を迎えはじめたところだが、「物質文明」という言葉からはほど遠い状況であった。言うまでもなく、生活は楽ではなく、家族はもちろんだが、近所の人たちとも協力しあって生きていた時代である。

同じ時代にアメリカの若者は、恵まれた環境でありながら、個人の主張や生き方で彷徨っていた。私(日本)からすれば贅沢な話である。その結果、「ヒッピー族」と呼ばれた人々や、マリファナの世界に浸るという若者がたくさん現れることになった。そんな光景を見た植草は、この本のなかで次のように語っている。

といっても世界がスクエアであり、会社も仕事もスクエアであり、だからスクエアでなければ食っていかれない。そういった状態なのに、どうしたらヒップになれるだろう。それにはいい知恵がある。昼間のあいだはスクエアですごし、夜になったらヒップに早変りすることだ。こう書けばスインガーの意味がハッキリするだろう。（一七〜一八ページ）

若かった私は、このスインガーの生き方に妙に納得してしまった。今で言うところの「ON」と「OFF」なのかと理解している。

ところで、映画『イージー・ライダー』（デニス・ホッパー監督、一九六九年）を観られたことがあるだろうか。映画の結末が、この時代のアメリカ社会の反応を代弁しているような気がする。

映画評を書いているわけではないので詳しくは触れないが、第四五代となるトランプ大統領は、この映画が公開されたときに二三歳であった。植草の本を読み、『イージー・ライダー』を観れば、ひょっとしたら大統領の頭の中をのぞくことができるかもしれない。いかなる人間も、若いときの社会風潮に影響を受けているものだ。

それにしても、主役のピーター・フォンダ（Peter Fonda）と『ワイルドで行こう』（ザ・バーズ）という音楽はカッコよかった。ちなみに、ピーター・フォンダの映画での相方は監督のデニス・ホッパー（Dennis Hopper, 1936～2010）であった。

『雨降りだからミステリーでも勉強しよう』（晶文社、一九七二年）

この本が発売になった一九七〇年代の日本推理小説界は、横溝正史、松本清張、西村寿行といった作家が大人気であった。そのなかでも横溝正史の人気が凄かった。一九四〇年代、一九五〇年代に発売された単行本が角川文庫として発売され、大々的な販売キャンペーンが展開された。そして、角川春樹事務所がそれらの文庫を映画化し、本と映画とのタイアップのもと、メディアを活用して全国にそのマーケットをつくりだした。

両方とも大人気となり、「角川商法」という言葉が生まれたぐらいである。かくゆう私も、『犬神家の一族』を読んで、石坂浩二が主演した同タイトルの映画を観に行っている。

『雨降りだからミステリーでも勉強しよう』は、私にとっては一九六〇年前後の欧米ミステリーのガイドブックとなった。新人作家の作品を三〇冊読み、各作品を紹介するといったものだ。簡単に読める本ではなかったが、この本で驚いたのは、植草の圧倒的な情報力とミステリー小説に対する驚異的な知識であった。植草の驚異的な知識、これが「この本の魅力である」と言っても過言ではない。

この本を読んだおかげで、ミステリー小説に関していくつかの知識を得ることができた。まずは作家である。一九五〇年代は、サスペンス小説の第一人者のアメリカ作家シャーロット・アームストロング（Charlotte Armstrong, 1905〜1969）をはじめ、女流作家が台頭してきた時期であったようだ。とくに、フランスの女流作家カトリーヌ・アルレー（Catherine Arley）、パトリシア・ハイスミス（Patricia Highsmith, 1921〜1995）などの活躍が眼を見張った。

この本の影響で読んだ三冊は、いまだに私の本棚に収まっている。その三冊とは、『わらの女』（カトリーヌ・アルレー／安堂信也訳、創元推理文庫）、『殺意』（フランシス・アイルズ／大久保康雄訳、創元推理文庫）、『死刑台のエレベーター』（ノエル・カレフ／高崎嶺雄訳、創元推理文庫）である。

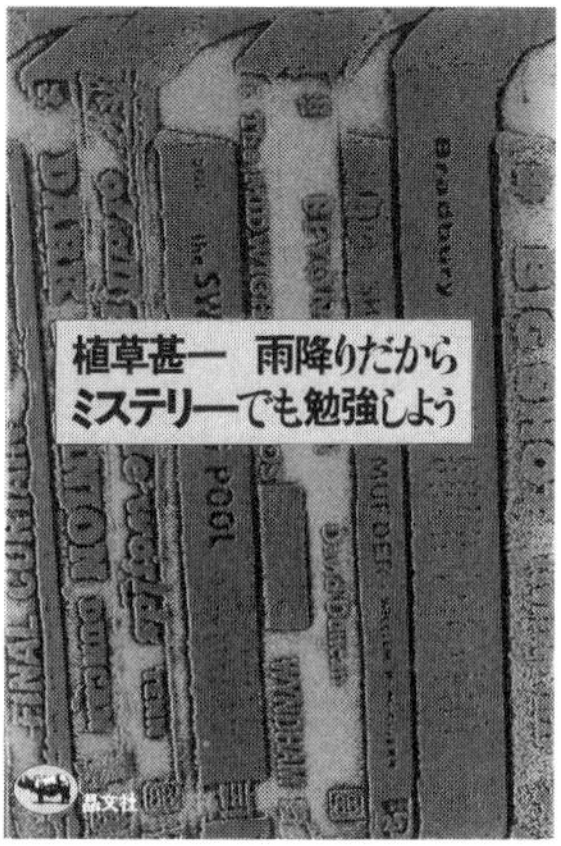

晶文社、1972年

そして、もう一冊、『太陽がいっぱい』（パトリシア・ハイミス／青田勝訳、角川書店）も読んでいたのだが、どういうわけか本棚から消えていた。多くの人がご存じのように、この本は、ルネ・クレマン監督、アラン・ドロン主演の映画『太陽がいっぱい』の原作である。音楽も素晴らしく、映画『ゴッドファーザ』

と同じく、ニーノ・ロータ（Nino Rota, 1911〜1979）が担当した。

植草は、パトリシア・ハイスミスのことを次のように評価している。

この心理的手法が、マーガレット・ミラーや、パトリック・クェンティンそのほかの作家に影響して、あたらしい犯罪小説のタイプを形成したが、正常な意識と分裂した意識との間をさぐりながら面白い作品を書いたのが、映画にもなった「見知らぬ乗客」「太陽がいっぱい」のパトリシア・ハイスミスである。（中略）
パトリシア・ハイスミスは文書も達者で、これだけの表現力の持ち主は、小説家にもそうザラにはいない。（前掲書、二二六〜二二七ページ）

植草の評価に反して、私にとっての一番は『わらの女』である。一気に読み、それが切っ掛けとなって、カトリーヌ・アルレーのほかの作品も創元推理文庫で読みあさることになった。

『わらの女』は、完全犯罪で終わる推理小説だ。貧しい生活から抜け出して、優雅な生活に憧れる三四歳のドイツ人女性が主人公である。片や、高齢な億万長者の財産を狙う秘書。この秘書が仕掛けるトリックが最後まで凄い。

主人公は秘書のトリックによって億万長者の妻となるが、結婚数か月後、億万長者が毒殺され、主人公が犯人に仕立てられてしまう。二転三転するトリックで、最後は秘書の犯罪で終わるのかと読んでいると、実は逆で、主人公は無実を証明することが不可能と悟って刑務所内で自殺してしまうのだ。その結果、秘書が億万長者になるわけだが、世論からは同情の眼で見られる形でエンディングとなる。

私の筆力がゆえに、みなさんにこの作品の凄さを伝えることができないが、私にとっては「一気に読ませる見事なトリック作品」であった。

このような読書体験が理由で、イギリスのＳＦ出版社「ゴランツ社」をはじめとして海外の出版社や、推理小説の手法および傾向などを知ることになった。じつは、「プロット」という言葉を初めて知ったのも植草の本であった。ミステリーマニアからすれば滑稽に見えるだろうが、植草から教わったことを挙げておきたい。

❶警察活動の必要が一見ないような事件のなかに一市民が巻き込まれるシチュエーションものが多い。
❷四分の一ほど進んだところで、推理小説としてのパターンが形成される。
❸推理小説に大事なのは「滑りだし」である。
❹推理小説には、ある約束事がある。小道具が事件の鍵を握っており、その小説の面白さを発揮させる。その最たるケースが、『死刑台のエレベーター』に描かれた、途中で止まったエレベ

ーターとなる。

❺出版社では、探偵小説と犯罪小説との商品性をゴッチャにしているように見受けられる。

❻探偵小説はトリックの案出に頭を使いすぎたため、現実に起こりえないような出来事を書いた例が少なくない。犯罪小説家はみんな、この誤りを犯さないようにしている。

❼警察官はヘマばかりやる。それを素人探偵の頭のよさと比べるようにしながら、事件を解決へと運んでいくのが探偵小説における定石の一つとなっている。

❽探偵小説では、性格をあまり深く掘りさげていくと、その人物だけが浮き上がって全体のバランスが崩れることが多い。

❾一九五〇年ごろ、私立探偵を主人公にするハードボイルド小説が変わってきた。同時期、警官が暗黒街のボスから賄賂を受けていたことや殺人を犯したという新聞記事が出たこともあって、私立探偵の代わりに一介の警官を主人公した作品が出はじめた。

多くの推理小説のなかで、私が一番好きなのがハードボイルド派の探偵小説である。前掲した『わらの女』や『死刑台のエレベーター』を読んだあとに、ダシール・ハメットド（Samuel Dashiell Hammett, 1894〜1961）、レイモンド・チャンドラー（Raymond Thornton Chandler, 1888〜1959）、ミッキー・スピレイン（Frank Morrison "Mickey" Spillane, 1918〜2006）、ロス・マクドナルド（Ross Macdonald, 1915～1983）が描く探偵小説の世界に入っていった。そして、あの有名な言葉に出合った。

「タフでなければ生きていけない。だが、優しくなければ生きる資格がない」（レイモンド・チャンドラー）

『映画だけしか頭になかった』（晶文社、一九七三年）

一九四八年から一九七〇年まで、「映画芸術」「映画の友」「スクリーン」などの雑誌に掲載した「洋画コラム」を一冊にまとめた本である。先にも記したように、一九五〇年代から一九六〇年初めの洋画を知らない私にとっては、当時の洋画を知るためのテキストとなった貴重な本である。

映画を観ることになる切っ掛けには、いくつかのパターンがある。感銘した本の映画化（映画を観たあと原作を読む場合も）、好きな映画監督や脚本家の作品、贔屓《ひいき》にしている俳優の作品のほか、サウンドトラックが好きだからという人もいるかもしれない。私の場合は「感銘した本」となるが、その事例を挙げてみたい。『ゴッドファザー』（一九七二年）を観に行ったときである。

原作である『ゴッドファザー』（マリオ・プーヅォ／一ノ瀬直二訳、早川書房）は黒い表紙の分厚い本である。これを読んで、マフィアのファミリーへの忠誠心と、それに反して、壮絶とも

晶文社、1973年

言える裏切りの世界に魅せられてしまった。一九七二年七月、封切りと同時に有楽町の映画館に観に行ったときのことを思い出す。

マフィアのドンとしての迫力を出すマーロン・ブロンド（Marlon Brando, 1924〜2004）と、脇役としての味を発揮していたロバート・デュヴァル（Robert Duvall）の演技力、ニーノ・ロータの心に響く音楽、素晴らしい脚本、そしてこの壮大な映画を監督したフランシス・フォード・コッポラ（Francis Ford Coppola）にも感動したわけだが、原作を読んだことで映画を観ることになっただけに、この本との出合いは本当に嬉しかった。

さて『映画だけしか頭になかった』に戻るが、なかでも凄いのは、監督とその作品、そして俳優の紹介がたくさんあることだ。「ぼくの大好きな俳優たち」という章では、ハンフリー・ボガード、イングリッド・バーグマン、ソフィア・ローレン、アラン・ドロン、ジャン・ポール・ベルモンド、ジャンヌ・モローなど、当時の人気スターの魅力を六〇〇字ほどの短い文章で存分に表現していた。

以下に引用するのは、ルネ・クレマン監督『太陽がいっぱい』のアラン・ドロン（Alain Delon）についてである。観客の心を引き付けるほどの魅力がある俳優は、我々映画ファンにとっては雲の上の存在であるが、その魅力に関して、やはり言葉で伝えたくなる。

> この映画をみながら、もし若かったら、さっそくアラン・ドロンの格好をしてやろうとさえ空想したのであった。
> 白い襟つきシャッツをノー・タイにし、革ジャンパーを引っかける。（中略）アラン・ドロンのは背広型になっている。しなやかな革らしく、色は黒で、すこし長目の寸法だが、これがとてもよかった。それだけでなく、彼は首に金のペンダントをぶらさげているのだ。
> （前掲書、七〇ページ）

いやー、素晴らしい紹介だ。読んでみると何でもない文章だが、このような紹介をすることは素人には難しい。さすが、J.Jおじさんである。ちなみに、当時の女性たちは、男性と言えばアラン・ドロンとしか考えていなかった。

次に、映画監督とその作品を二つほど紹介してみたい。一つは、ジャン・リュック・ゴダール（Jean-Luc Godard）監督の『勝手にしやがれ』（一九五九年）である。ゴダールは、映画をつくった当時まだ二九歳であった。

一九五〇年代のフランス映画界では、「ヌーヴェル・ヴァーグ（Nouvelle Vague）」という言葉が流行語になっていた。「新しい波」という意味なのだが、大人の世界に反抗し、今までの価値観を破壊しながら、何か新しいことをやりたいと考えて行動する人たちのことを指し示している。このことを、植草は映画の分野でとくに強調していた。

ほかにも、『大人は判ってくれない』（一九五九年）のフランソワ・トリフォー監督と、『いとこ同志』（一九五九年）のクロード・シャブロ監督がいるが、「ヌーヴェル・ヴァーグ」の最たる監督と言われたのがゴダール監督であった。そして、その作品がジャン・ポール・ベルモンド（Jean-Paul Belmondo）主演の『勝手にしやがれ』になったわけだ。ジャン・ポール・ベルモンド、当時二六歳であった。

「ヌーヴェル・ヴァーグ」の意味合いを的確に表している文章があったので紹介しておこう。

ジャン・ポール・ベルモンドというフランスの若手俳優が、まったくサッソウとした感じで登場してきました。もちろんドライな性格。（中略）お世辞にもハンサムとはいえないけれど、低声でふとい声に魅力があり、こいつ、モノになりそうな俳優だなとおもって見ているうちに、だんだん味をだしていきます。その味は?といわれると、いかにもヌーヴェル・ヴァーグらしいといったところでしょう。（前掲書、三〇ページ）

次は、エリア・カザン（Elia Kazan, 1909〜2003）監督とその作品である『波止場』（一九五四年）を紹介したい。

エリア・カザンは舞台の演出家としても活躍し、芝居と映画を交互に手がけてきた。映画では、『紳士協定』（一九四七年）で第二〇回アカデミー賞監督賞を受賞したほか、テネシー・ウィリアムズ脚本の『欲望という名の電車』（一九五一年）でも同賞にノミネートされたという実力派の監督である。

『ゴッドファザー』を観た翌年だったこともあり、エリア・カザンより主演であるマーロン・ブランドに興味がいった。つまり、若いときのマーロン・ブランドに興味津々だったのだ。『欲望という名の電車』でもヴィヴィアン・リー（Vivien Leigh, Lady Olivier, 1913〜1967）とともに主演し、カザン作品には欠かせない俳優となっていた。

『波止場』の収録時、一九二四年生まれのマーロン・ブランドは三〇歳であった。映画館は忘れてしまったが、運よく、本を読んだあとに映画を観ることができた。ボクサーあがりでマフィアに立ち向かっていくマーロン・ブランドはとても若く、それから一八年後に『ゴッドファザー』のドン・コルレオーネ役を演じたことにギャップを感じたぐらいである。もちろん、よい意味であるが、約二〇年でこんなにも変われるものなのかと思った。この『波止場』でマーロン・ブランドは、一気にスターダムにのし上がっていくことになった。

ちなみに、エリア・カザンは一九五五年に『エデンの東』を撮っているわけだが、最初に主演依頼をしたのがマーロン・ブランドであった。しかし、彼はこの依頼を断っている。その代役として抜擢したのがジェームズ・ディーンであった。もし、マーロン・ブランドが出演を承諾していれば、私たちは、あのジェームズ・ディーンに出会うことがなかったかもしれない。そういう意味では、マーロン・ブランドに感謝をしなければならない。

それ以上に感謝しなければならないのが、このような情報を与えてくれたJ.Jおじさんである。この本を読まなかったら、永遠に知ることはなかっただろう。

アルフレッド・ヒッチコックを読む

最後の章が「ぼくのヒッチコック研究」となっている。なんと、この章に六五ページも割かれている。恥ずかしいことに私は、ヒッチコック映画を知ったのはこの本を読んでからである。改めて言うまでもないだろうが、アルフレッド・ヒッチコック（Alfred Hitchcock, 1899～1980）はイギリスの映画監督である。ただ、一九三六年からはその活躍の場をアメリカに移している。

スリラー映画で成功したこともあって、「サスペンス映画の神様」と称されているほか、先に挙げた「ヌーヴェル・ヴァーグ」と言われていたフランスの若い映画監督、クロード・シャブロルやジャン＝リュック・ゴダール、フランソワ・トリフォーらから支持され、「ヌーヴェル・ヴァーグの神様」とも呼ばれた。

余計なことだが、ヒッチコックはアシスタント・ディレクターをしていたアルマと一九二六年に結婚している。大物監督には珍しく一度も離婚歴がなく、生涯アルマと過ごしたという。

一九五〇年代から一九六三年ごろが「ヒッチコックの全盛時代」と言われている。事実、この時期の作品は素晴らしい。『ダイヤルMを廻せ』（一九五四年）、『裏窓』（一九五四年）、『北北西に進路を取れ』（一九五九年）、『サイコ』（一九六〇年）、『鳥』（一九六三年）などの名作を、みなさんもご存じであろう。

ヒッチコック映画はスリルだけでなく、ユーモアが常に背中合わせとなって演出されている。そのよい例が、どの映画でも、どこか一場面にヒッチコック自身が姿を現していることだ。たとえば『鳥』では、ジェシカ・ダンディ（Jessica Tandy, 1909〜1994）が店に入るとき、ヒッチコックが二匹の犬を連れて店から出て来るといったシーンがある。こんなヒッチコック映画の手法および特色を植草が的確に捉えているので、箇条書きにして紹介したい。

❶アルフレッド・ヒッチコックは、ほんとうによく映画を知っている監督だ。たぶん彼がだれよりも、いちばんよく映画を知っているにちがいない、とヒッチコック映画を見るたびに感心したものだった。（二三六ページ）

❷このヒッチコック・タッチというのは、ごくあたりまえな日常の世界が、急にうす気味わるく

なりだし、しだいに恐怖だらけの世界になるといった演出上のテクニックで、さしあたってのいい例は、恐怖映画「鳥」のなかでカラスが一羽から数十羽にふえていく場面である。（二三九ページ）

❸ヒッチコック映画がつくられていく根本的なものは、こうした細かいショットであって、それが機能的に積みあげられた結果に彼の作品は完成するのである。そこにヒッチコック映画の魅力がある。（二四五ページ）

❹ヒッチコックの映画創作法の根本には、彼が昔からいってることであるが、まず背景となる舞台装置的なものがイメージとして彼の頭のなかに浮かびあがり、人間のほうは、その前で操り人形のように彼によって踊らされる、といった順序で場面場面ができあがっていくのである。（二五五ページ）

植草が本で紹介している俳優や監督の作品は、もちろんリアルタイムで観たことのない作品ばかりである。この本を読み終えたのちに、映画館、テレビ、ＤＶＤなどでほぼ全作品を観たわけだが、私自身が本で紹介するほど洋画の深みを知ることができた。これらすべて、J.Jおじさんから教わったことである。

現在の晶文社を訪ねて神保町へ

千代田区神田神保町にある「すずらん通り」、その西側の入り口から進んですぐ左に株式会社晶文社の入っているビルがある。このあたりは「古本の街」として知られ、多くの古書店が立ち並ぶエリアであり、毎年秋には「古本まつり」が開催されるほか、週末には多くの読書家が訪れている。

また、このあたりは「出版業界の中心地」とも言える所である。すぐ近くには、小学館、集英社、岩波書店、有斐閣、中央経済社、丸善出版といった大きな出版社が軒を並べているほか、三省堂書店や書泉グランデ、東京堂といった大きな書店があり、「まだまだスポーツ用品の店には負けないぞ！」という意気込みのもと、「売れなくなった」と言われている本の販売に努めている。

六階建てのビルの入り口、目の前に長い階段がある。三階まで続いているようだ。エレベーターはないのか、と思いな

出版業界の中心地である神保町

がら上りはじめた。二階まで上がると、隠すようにして左側にエレベーターがあった。しかし、私はそのまま四階まで階段を上ることにした。何といっても、私はランナーなのである。

　四階の「総務部、営業部」と書かれてあるドアをノックして、約束をしている太田泰弘社長との面会を申し込んだ。すると「三階におりますので……」と言われ、ランナーである私はちょっとショックを受けてしまった（まだまだ修行が足りないようだ）。

現在の晶文社の入り口

　挨拶もそこそこに、本書でこれまでに書いたような話をはじめた。すると太田社長が、「二枚しかありませんが……」と言って、旧社屋の写真を出してくれた。その一枚が四一ページで掲載したものである。もう一枚には、旧社屋に掲げられていた看板が写っていた。部屋の中をよく見ると、その看板が壁際に置かれていた。思わず歴史を感じてしまった。

　ご多分に漏れず、晶文社も紆余曲折があったようだ。しかし現在も、総勢二〇人以上のスタッフが、これまでどおり「エンターテインメント」と言える本を一年間に数十冊出版している。最新の出版案内を見たところ、『日本の覚醒のために　内田樹講演集』（内田樹）と『街直し屋――

まちとひとを再生させる仕事』（リパブリック・イニシアティブ編）いう本に興味を抱いた。近々、読んでみようと思っている。

先ほど神保町は「古本の街」と紹介したが、「二〇〇一〜二〇〇二年　神田神保町古書ガイド」（毎日新聞社）によると、このあたりは昭和の時代に三度の危機があったという。

まずは第二次世界大戦中のこと、空襲のために東京中が焼け野原になったことである。幸い神保町は空襲を免れているが、商売に影響があったことは言うまでもない。続いて、昭和四〇年代の半ば、神保町の真上に高速道路が建設されるという話が出た。慌てた古書店主たちは猛然と反対運動を行い、これを見事に回避させている。そして、バブル期（一九八〇年代）の地上げ攻勢である。ここでも神保町の古書店主たちは、最後まで首をタテに振らなかった。

このような歴史を踏まえて、今日も「古本の街」として存在を示し続けている。とはいえ現在は、一部の古書店が閉店したあと、ラーメン屋をはじめとした飲食店が取って代わっている。どうやら、四度目の危機的状況にあるようだ。

こんな「出版業界の中心地」である神保町にふさわしい小説があることを、みなさんもご存じだろう。三浦しをんが二〇一一年に著した『舟を編む』（光文社）である。

この小説は、二〇一二年の「本屋大賞[1]」を受賞している。そして翌年には、石井裕也監督、松田龍平主演で映画化されているので、原作を読み、映画を観られた人も多いことだろう。

みなさんご存じだと思うので内容の詳細は省くが、神保町に所在する玄武書房の辞書編集部が、二十数万語が収録された新しい辞書『大渡海』を一三年の歳月をかけてつくっていくというフィクションである。この小説の舞台が神保町なのだ。そして、先ほど述べた神保町にある大手出版社、そこでの辞書づくりを彷彿させる内容となっている。

光文社文庫、2015年

この小説を読み、辞書のことが少しは理解できたような気がする。主人公の馬締光也《まじめみつや》は、辞書を読み物としてとても面白いものだと思っている人間なのだが、辞書づくりに没頭する情熱や熱意を長期間にわたって継続するには、それが不可欠な要素となるようだ。

四〇年以上にわたって書店で本を販売してきたわけだが、この本を読むまで、辞書づくりがこんなにも大変なことだとは知らなかった。時間とお金がかかるということ以外にあまりにも驚いたことがあるので、一つだけあるフレーズを紹介したい。

「（前略）『紙同士がくっついて、複数のページが同時にめくれてしまう』ということがない。これが、ぬめり感なのです！」（前掲書、二二七ページ）

なんと、紙質にまでこだわっているのだ。希望とする紙を求めて、製紙会社との協議が繰り返されている場面を読んだとき、「この連中はプロだ！」と感動してしまった。単に時間をかけて収録する語句を選び、その説明文を考えるだけでなく、細部に至るまで配慮がなされたうえで完成していることを初めて知った。このときの感動が、「エピローグ」を書きたくなった理由でもある。

たぶん、出版業界で働く人たちのほとんどがこのような背景を知らないと思う。ましてや読者が知っているはずがない。業界として、このようなことをもっと喧伝するべきではないだろうか。もちろん、私自身の反省もふまえてのことだが、辞書づくり、本づくりの背景をよく知れば、著者の書き方も、出版業界の売り方も、読者の読み方も、かなり変わってくるように思える。そう、安易に電子媒体に頼らない、ということである。

さすが、三浦しをん！　執筆にあたって三浦は、岩波書店および小学館の辞書編集部の取材を行ったという。その岩波書店から、二〇一八年一月、一〇年振りとなる『広辞苑　第七版』が発売された。『広辞苑』の初版は一九五五年なので、六〇年以上にわたって改訂を続けていることになる。

(1)　二〇〇四年に設立された、NPO法人・本屋大賞実行委員会が運営する文学賞。「新刊を扱う書店の書店員」の投票によってノミネート作品および受賞作が決定される。

『広辞苑　第七版』(机上版) の予約特典として、「広辞苑をつくるひと」と題された文庫がついている。これを書いたのも三浦しをんである。これを読むと、国立国語研究所、大日本印刷株式会社、イラストレーターと古生物学者、株式会社加藤製函所、牧製本印刷株式会社が改訂新版に携わり、それぞれの職人技が発揮されていることが分かる。

私にとってとくに印象深かったのが、国立国語研究所で働く女性三名の話であった。六〇〇〇語強の動詞について検討してきたというのだが、その量は分厚い紙の束であった。その女性たちは、「大変だった」と言いつつも楽しそうである。「このひとたち、(いい意味で) 変だ……!」と、三浦は驚いている。小説の世界ではなく、現実に言葉の世界に魅了された人たちが存在していることに驚いたのかもしれない。まさに、『舟を編む』の主人公、馬締光也《まじめみつや》と同じ人種がここにもいたのである。

小説のなかの辞書『大渡海』という名称は、「辞書は言葉の海を渡る舟、編集者はその海を渡る舟を編んでいく」という意味で付いたと『舟を編む』には書かれてあった。小説のタイトルを含めて、私にもその意味が分かったような気がする。そして同時に、『広辞苑　第七版』の誇りと偉大さを感じることになった。

『広辞苑』も、『大渡海』と同じく、発売と同時に二十数万語の改訂作業が行われていくことになるのだろう。永遠に続くことになるこの作業のことを忘れずに、「辞書を読む」という行為を私はしていきたいと思うようになった。それが、辞書づくりに携わった方々に対する、読者ができる唯一の配慮である。

椎名誠のライフスタイルから教わる

『さらば国分寺書店のオババ』（椎名誠、情報センター出版局）という本がある。ご存じのとおり、椎名誠のデビュー作である。筆舌《ひつぜつ》に尽くし難いぐらい衝撃的なエッセーであった。日々の暮らしのなかで、腹の立つことや怒りを覚えることに対して、豊かな想像力と発想のもと、ユニークな「シーナ言葉」で表されている本である。

情報センター出版局、1979年

物事を見る視点の広さとともに、その論理的な展開が実に素晴らしい。時には、東スポ（「東京スポーツ」という新聞）的な言葉を入れる「シーナ言葉」で、自らの世界、つまり「シーナワールド」をつくっていくストーリーに惹かれていった。

しかし、『国分寺書店のオババ』は序章にすぎなかった。椎名の引き出しが想像以上に多く、実にさまざまな顔をもっていたのだ。小説家、映画監督、編集長、探検冒険家、写真家、読書家、本の道先案内人、ビール愛好家など、「多才」という言葉はこの人のためにあるようなものだ。

「旅をすること。本を読むこと。いずれも、別世界に行くこと」と、『新潮ムック椎名誠編集長でっかい旅なのだ』（新潮社）で椎名は語っている。

こんなライフスタイルが好きだ。少年のように仲間と遊び、少年の眼差しで世界の極地を旅する。この影響を多大に受けた私、まさしく同じ思いで本を読み、遊んできたところがある。私の読書歴の一部は、椎名が作品で描く世界と、椎名自身が読む本の世界から構成されているようなものだ。

嵐山光三郎が文庫版の「あとがき」で、デビュー時の椎名を的確に、かつ完璧に表現していた。少し長いが紹介したい。

このころ、椎名氏は「昭和軽薄体」なるキャッチフレーズを作った。椎名氏が提唱者でぼくもその同系列だとされた。エラソーな文芸評論家が「昭和軽薄体は滅びます」と予言してくれた。あるいは、「無内容な日常のバカ一味」と冷笑する評論家もいた。この件に関しては椎名氏の勝ちである。なぜなら、自ら「昭和軽薄体」と白状している者に対して「おまえは軽薄だ」といったってあたりまえのことなのだ。お利口さんが、バカをバカと言ったってしょうがない。重厚評論家は、まんまんと椎名氏の罠にはめられた。椎名氏が「昭和軽薄体」を名乗ったのは、従来の「重厚体一派」（＝学術派）がエラソーにしている権威主義をからかっただけのことである。学術バカをからかうには軽薄バカになるに限る。そのへんのコツは、椎名氏はお手のものである。（新潮文庫版、二四九ページ）

「従来の『重厚体一派』（＝学術派）がエラソーにしている権威主義をからかっただけのことである。学術バカをからかうには軽薄バカになるに限る」という文章、「まったくもってそのとおり！」と、声を大にして言いたいところだ。

とくに現在、勉強だけしかしてこなかった人たちが「先生」と呼ばれている場合が多い。社会の仕組みさえ知らない人たちが権威の対象になっているという現実を考えると、現代社会を生きるみなさんこそ、この本を読むべきではないかと思ってしまう。

この解説文に感銘を受けてしまった私、これ以後、嵐山光三郎の本をたくさん読むことになってしまった。

椎名から、本との出合いと仲間との野外遊びを教わった！

椎名は、小説・エッセー・紀行文・写真集・評論など数多くの作品を出版しているが、「一番好きな作品は？」と問われれば、『砂の海――楼蘭・タクラマカン砂漠探検記』（新潮文庫）を挙げたい。この本にはいくつかのドラマが描かれているのだが、その数だけロマンが存在する。

この旅は、ロプノール（さまよえる湖）と楼蘭を目指す旅であり、少年のときの夢を実現する旅でもあった。「ロプノール」とは、中央アジア、タリム盆地のタクラマカン砂漠の北東部にかつて存在した塩湖で、スウェン・ヘディン（Sven Anders Hedin. 1865～1952）が著した『さまよえる湖』（関楠生訳、白水社）として知られている。ちなみに、この湖があったのは、現在の新疆ウイグル自治区バインゴリン・モンゴル自治州チャルクリク県であり、隣接しているロプノール県ではない。

小学六年生のとき、椎名はこの『さまよえる湖』を読み、探検家という存在を知って憧れるようになり、将来、自分もロプノールと楼蘭に行きたいと思うようになったという。それから三三年間、その思いはいくつかのつながりのもと、褪せることなく続いていったようだ。

スウェン・ヘディンは、スウェーデンの中央アジア探検家である。一九〇〇年、約二〇〇〇年前の古代都市「楼蘭」の遺跡と干上がったロプノールを発見し、湖の位置が移動する「さまよえる湖」を唱えた。そして、一九三四年、干上がっていたはずの川をカヌーで下って、満々と水をたたえたロプノールに辿り着いた。このときの行程について書いたのが、先に挙げた『さまよえる湖』という本である。

椎名と結婚した渡辺一枝との出会いから結婚に至るまでのキーワードは、ヘディンであった。どの作品だったか忘れたが、その本のなかで、「彼女は、スウェン・ヘディン探険記全集を持っている。結婚したら、全集を全部読めると思った」といったニュアンスのことが書かれてあった。『砂の海』で椎名は、妻と出会った当時、彼女が言ったことを記述している。

——「私の夢はいつかチベットと西域に行くことです。スウェン・ヘディンの探険が好きなのです」と、その人は言った。（前掲書、一四ページ）

渡辺一枝はのちにチベットと西域行きを実現しているが、二人の運命的なつながりとともに、夢としていた場所に二人とも行けたことに大きなロマンを感じてしまう。

ところで、椎名が一番尊敬している作家は井上靖（一九〇七～一九九一）である。『敦煌』（新潮文庫）や『楼蘭』（新潮文庫）などの著書があるベストセラー作家だ。一九八五年の夏、シベリアへ一緒に旅行して以来親交を温めてきたようだ。楼蘭は井上がもっとも行きたかった所であると聞いた椎名は、楼蘭に行くにあたって井上の自宅を訪問し、ある約束を交わしている。


「そうですねぇ。では楼蘭古城に着いたらひとつだけでいいです、ひとつだけでいいですから石を拾ってきて下さい」

「はあ、わかりました。石ですね」

おれは手帖に（石ひとつ）と書く。

「それから、私のかわりに大地にあおむけに寝てください。そうして天を眺めて下さい」

「はあ、わかりました。空を眺めてくるんですね」

「空じゃなくて、天です」

「はあ、わかりました。天を眺めてきます」（『砂の海』一三一〜一三二ページ）

外国人がロプノールと楼蘭に向かうのは、一九三四年のヘディン隊以来五四年ぶりのこととなる。このとき、井上は八一歳、椎名は四四歳だった。尽きることなく続く少年のような夢、この二人のやり取りにもやはりロマンを感じてしまう。さらに、本編の最後の四行に魅せられてしまった。

楼蘭でこっそり拾った小石を井上靖氏に、ロプノールで拾ってきた白い巻貝を妻にあげた。そうしておれはそれからほぼ一カ月間ほど、殆どタマシイを奪われてしまったようにぼうーっと東京の日々をすごした。（前掲書、二三二ページ）

『砂の海』のなかには、椎名が読んだ探険・紀行本、東洋史、自然科学などといった幅広いジャンルの本が記載されている。言うまでもなく、読書家である。読み継がれてきた名著だけでなく、専門書や概論本もあり、本当にバラエティー豊かである。

少し挙げると、『西域探険紀行全集（全一五巻＋別巻）』（ル・フェーブル／水口志計夫ほか訳、白水社）をはじめとして『コン・ティキ号探険記』（トール・ヘイエルダール／水口志計夫訳、河出文庫）、『楼蘭王国立つ』（屠国壁著、日本放送出版協会）、『風のはなし』（伊藤学編、技報堂出版）など一七冊である。

これらのように、椎名の旅する本にはたくさんの本が記載されている。「旅する椎名誠」をつくっている大きな要因の一つとして、「読書量」が挙げられるだろう。それを証明しているのが、『活字のサーカス――面白本大追跡』（岩波新書）をはじめとする本に関する評論である。椎名ファンであり、本好きの私としては大変ありがたいことだった。椎名の本を読みながら新たな本との出合いもできるという、二重の恩恵を受けることができた。

数多くの冒険・探険の世界を知ったことで新しい世界を知ることになった。そんな読書体験が植村直己（一九四一〜一九八四）や星野道夫の世界にもつながり、素晴らしい本との出合いに広がっていったわけである。

ちなみに、四〇歳をすぎたあたりから私は「渓流釣り」をはじめたのだが、これも椎名の影響が大きい。釣りに行ってキャンプをし、満天の星の下で仲間と浴びるほどお酒を飲み、バカ話で大騒ぎをする。最近は渓流釣りをする機会が少なくなったが、仲間とはお酒を酌み交わし、相変わらずバカ話をしている。飲み友達が言う。

「バカ話、そんな言葉では表現できませんね。さらに低いレベルでは……」

第4章　本で読むスポーツの世界

アマスポーツが好き

日本には四季がある。多くのスポーツも、その季節とともにやって来る。「夏の甲子園」「冬の国立」「箱根駅伝」などの声が聞こえてくると季節感を感じてしまうのは私だけではないだろう。とくに「球春」という響きには、野球シーズンがはじまるというワクワク感があり、格別な高揚がもたらされる。いずれにしろ、季節とともにさまざまなスポーツ観戦が存在し、私たちを楽しませてくれている。

スポーツ観戦がこのうえなく私は好きだ。観る機会が多いのは、河川敷でやっている少年野球と草野球。単純に、観ていて楽しいのである。なぜ楽しいのかと考えてみると、私自身が草野球をやっているということもあるが、プレーしている人たちの表情がなんとも言えないからだ。じつに楽しそうに、かつ真剣にプレーをしている姿、何とも微笑ましい。

毎年、夏の高校野球埼玉県予選のときは、地元にある熊谷運動公園球場へ観戦に行っている。やはり、高校野球の醍醐味は「夏」である。太陽の照り返しが強いなか、トーナメント方式で戦う球児の姿は、何度見ても飽きない。毎回、スコアブックを付けながら観戦しているのだが、その合間に飲むビールが旨い！　最高のシチュエーションなのでやめられない。

熊谷の人気店「居酒屋甲子園第二球場」

余談であるが、熊谷に住む高校野球ファンにもっとも人気のある居酒屋がある。「居酒屋甲子園」(1)と「居酒屋甲子園第二球場」である。「第二球場」の店主、橋本哲夫の威勢のいい声も人気となっているが、お客に腹のすき具合を尋ね、店任せの料理を基本にしていることでも有名な居酒屋である。「お任せ」といっても料金はリーズナブルで、だいたい三〇〇〇円前後で飲み食いができるという良心的な店である。

店主の橋本哲夫は、高校時代の西関東大会で、あの巨人軍Ｖ９のエースであり、通算二〇三勝の堀内恒夫から起死回生のホームランを打っている。一九六〇年代、夏の県予選は西関東大会として埼玉県と山梨県が二ブロックに分かれ、それぞれの代表を決めたうえ準決勝・決勝を行って代表校を決定していた。

一九六四年の夏、熊谷商業は準決勝に進んだ。その対戦チームがエース堀内恒夫を擁する県立甲府商業高校であった。試合は橋本哲夫のホームランで決まり、「1対0」で熊商の勝利となった。しかし、西関東大会の決勝では敗れたので甲子園出場はかなわなかったが、橋本哲夫は地元熊谷のヒーローとなった。そして、翌年の一九六五年、斉藤秀雄監督のもと、捕手として夏の甲子園出場を果たしている。そして熊商を卒業後、二〇歳から同校のコーチに就任し、三五歳で居酒屋の店主となった。

歓喜の橋本が両手を挙げ、満面の笑みでホームインする姿を掲載した新聞がある。その新聞は、今でも客が見ることのできる場所に飾られている。橋本の教え子と思われるお客の多い「居酒屋甲子園第二球場」は、今夜も野球談議で盛況であった。

こんな光景、本の世界でもつくりだしていきたい。店に来ているお客が各テーブルで本を肴にし

（1）「居酒屋甲子園本店」〒360–0041　熊谷市宮町2–53　TEL: 048–525–0500。「居酒屋甲子園第二球場」〒360–0037　熊谷市筑波2–70　TEL: 048–501–0540

お酒を飲んでいる。「この本読んだ?」とか「この本めっちゃ面白い!」などといった声が聞こえてくる居酒屋、あったらいいなーと思う。店の名前は、さしずめ「居酒屋神保町」となろうか。

本で語るスポーツ

スポーツ観戦の楽しさと奥の深さを教えてくれた作家がいる。山際淳司(一九四八~一九九五)と村松友視である。二人の著書から教わったことは次の三つである。

❶スポーツ観戦の本当の面白さを知るには、勝敗の結果や選手の成績を見るだけでは分からない。
❷試合の本当の面白さは味わうには、選手のことをもっと知らなければいけない。
❸その選手の経緯や背景、どのプレーが得意なのか、どういうプレーヤーを目指しているのかなど、その選手を「視る眼」が必要である。

「視る」という行為は受動的なことではなく、自らその試合に参加していることと同じであると、二人は読者に強く訴えているのだろう。少なくとも私は、そのように解釈している。本を読み終え、閉じたそばから忘れてしまうというのが常であるが、この二人の作家が綴ったスポーツの世界は、間違いなく私の体に浸透している。以下では、二人の著書などについて書いていくことにする。

山際淳司がデビューした時代

山際淳司は、選手一人ひとりのスポーツする行為にスポットをあて、トレーニングと試合をするうえで培った「スポーツの思想」を探っていき、それを文章化するという作家である。たった一本の原稿で「日本のスポーツ・ノンフィクションの世界を一変させた」と称された『江夏の21球』（文藝春秋の『Sports Graphic Number』の創刊号に掲載）でデビューしたのが一九八〇年だった。山際、三二歳のときであった。

『江夏の21球』が世に出た一九八〇年は、どんな時代であったのだろうか。プロ野球では、長嶋茂雄監督が巨人を退任（実質解任）して全国の巨人および長嶋ファンをあっと驚かせた。同時に王貞治の現役引退もあって、「巨人離れ」がはじまった年でもある。とくに、長嶋監督の解任劇は私にとっても大変ショックで、巨人を恨んだ一人である。

熱狂的な長嶋ファンであった私は、田園調布の長嶋宅経由で多摩川グランドに何度も足を運んで練習を応援し、有名なおでん屋「小池商店」にもちょくちょく立ち寄った。また、「地獄の伊東キャンプ」と言われた秋季キャンプにも行ったし、長嶋監督の引退試合のときも観客席からしっかり見届けたという筋金入りの長嶋ファンなのだ。

この年、七月にモスクワオリンピックが開催されたが、日本、アメリカなど六七か国のボイコットがあり、オリンピックファンだけでなく、「金メダルが確実」と言われていた柔道の山下泰裕やマラソンの瀬古利彦などといった多くの選手に衝撃を与えた。もし、モスクワオリンピックに参加していれば、山下と瀬古は絶対的な強さで金メダルを獲得したと確信していた。それだけに、このことも大変ショックであった。

それに追い討ちをかけるという悲報があった。一二月八日、ビートルズのジョン・レノンが銃撃される事件が起きたのである。会社に妻から電話があり、「ジョン・レノンが銃で殺された」と聞かされた衝撃は忘れることができない。ジョン・レノンの写真は、今でも机の横の壁に三枚飾ってある。

全国の人々が驚いたという悲惨な事件も起きている。同じ年、川崎市で「金属バット両親殺害事件」が発生している。犯人は、当時二〇歳の予備校生であった。約四〇年前に起きたこの事件は人々に大きな衝撃を与えたわけだが、似たような事件が現在も頻繁に起こっている。どうやら、「イイ社会、イイ時代」ではないようだ。

さて、その後の山際は主にスポーツを題材に本を刊行していき、アマチュア・プロを問わずスポーツの楽しみを広げてくれた。とくに、さまざまな競技のアスリートにスポットをあてた作品が多いことも際立っている。『山際淳司――スポーツ・ノンフィクション傑作集成』（文藝春秋）という、七九六ページにも上る大著がある。のちに本書でも紹介する『江夏の21球』や『スローカーブを、もう一球』など八〇作品が収録されており、「まさに圧巻」としか言いようのない本だ。

一九九四年四月には「NHKサンデースポーツ」のメインキャスターに就き、多くのスポーツファンに支持された。私も、ソフトな話し方とスポーツに対する憧憬の気持ちが好きで、毎週見ていた。ただ、マスコミ報道などで病気であることを知っていただけに、ブラウン管に映る、痩せていく山際の姿を追うことができなかった。そして、キャスターに就任した一年後の一九九五年五月、胃癌による肝不全のため四六歳の若さで亡くなった。

批判的な文章が一切ない山際作品

スポーツの世界を、新たな視点と分かりやすい文章で颯爽とデビューした山際、それ以前は本名の「犬塚進」で雑誌などにルポを執筆していた。山際淳司としてデビューしたのが前述した『江夏の21球』である。これを含む八編が収録された作品集が『スローカーブを、もう一球』（角川書店）という本である。

この作品には、野球を題材したものが四編、そして一人乗ボート（シングル・スカル）、ボク

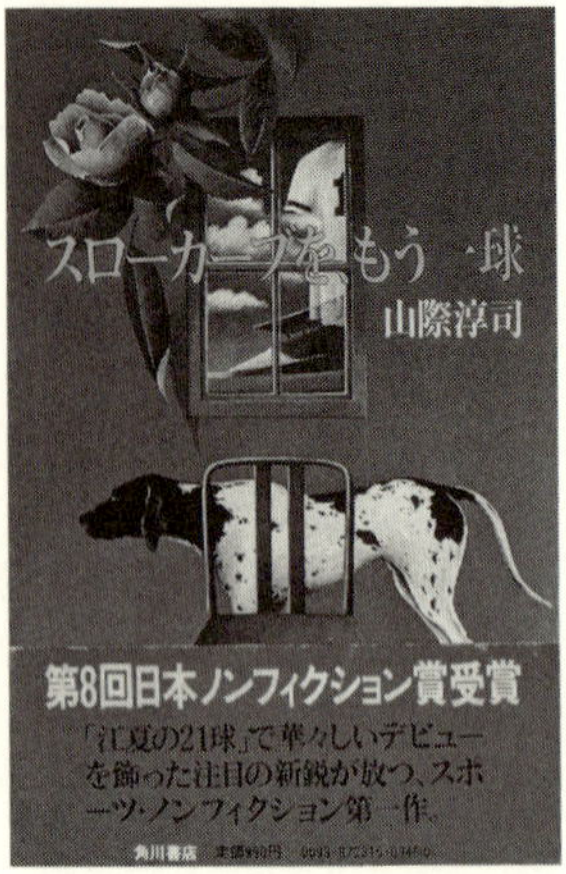

KADOKAWA、1981年

サー、スカッシュ、ポール・ヴォルター（棒高跳び）に関するものが一作品ずつで収録されている。ちなみに、『江夏の21球』以外の作品は、アマチュアのアスリートを対象とした作品となっている。

『江夏の21球』、私と同年代の方であればご存じの人が多いと思うが、一九七九年一一月四日、大阪球場で行われた「近鉄バファローズvs広島カープ」の日本シリーズ第七戦の一場面を著したものである。両チームともに三勝ずつで迎かえたこの試合は、「日本一」を決める決戦となった。広島カープが一点リードで迎えた九回裏、「江夏が投じた21球」にスポットをあてた作品である。

山際の視点は、「江夏が投じた21球」にまつわる状況の描写と、それにかかわる選手一人ひとりに注がれている。そして、綿密な取材を通して得られた選手の心情が克明に描かれている。

山際はこれを書くにあたって、いったい何人の選手・監督に取材を行ったのだろうか。登場順かつチーム別に確認してみたい。まず、対戦相手の近鉄から挙げると、石渡選手、藤瀬選手、羽田選手、平野選手、西本監督となる。一方の広島は、江夏投手、衣笠選手、古葉監督、そしてネット裏で観戦していた野村克也となっている。江夏の投げた21球、時間にして二六分四九秒しかない。たった二一球に対して、九人への取材を敢行しているのである。

　スクイズと分かり意識的に外した（江夏）、いや、あれは偶然である（石渡）、藤瀬のランナー心理、羽田と平野のバッター心理、リリーフ投手を準備させたことによる江夏のベンチに対する不信感を読んで励ます衣笠、それぞれの監督心理、ネット裏からプロの目で配球を読む野村――このようなアングルを設定していることにまず驚かされた。

　山際の伝えたい視点を実現するために丁寧かつ細部にわたる取材を行ったわけだが、それが並大抵のものでなかったことが文章からもうかがえる。それらの文章は、状況ごとにカメラのアングルが変わるように、スポットをあてる選手が状況に応じて替わっていく。まるで生《なま》の試合を観ているような臨場感が文章から伝わってくるのだ。

　テレビ観戦やスポーツ新聞の報道では知りえなかった人間ドラマがあった『江夏の21球』、野球ファンだけでなくスポーツファンにはたまらない本となった。断言したい。この本を読んでからプロ野球を観戦すれば、チケット代の何倍にもなる価値を味わうことができる、と。

　最近、新聞や雑誌などのスポーツ記事を読むと、批判的な（否定的な）コメントが多い。一般のファンは、その記事を何の疑いもなく受け入れてしまい、分かったかのごとく、居酒屋や電車の中で語っている人がときどきいる。スポーツを批判的に観るほどつまらないものはない。楽しんで観ているはずなのに、自らスポーツをつまらなくしているような気がする。一方、山際の作品には批判的な文章が一切ない。読みやすく、爽やかな気分にさせてくれる文章ばかりだ。そして、どのスポーツに対しても、奥が深いことを感じさせてくれる。

言うまでもなく、『江夏の21球』で描かれている選手はプロである。レギュラーの選手も、代打代走の選手も、リリーフ投手も、プロとしての野球哲学をもって毎日試合に臨んでいる。その選手一人ひとりがもっている野球哲学を綿密な取材で引き出し、スポットをあて、人間ドラマをつくっている。これが山際の手法であった。一球、一打、一イニングの世界を描くだけで、人間ドラマと感動を呼ぶスポーツの世界は素晴らしい。それを活字で伝えてくれた山際、すべての作品がいつまでも読み継がれることを願っている。

次は、同じ本に収録されているアマチュア・アスリートを描いた二作品を紹介したい。ともに印象に残ったものだが、読めば読むほど「文章表現」の難しさが分かってくる。わざわざこのように書くのには理由がある。プロ野球と違って、以下の二つは映像で見ることがほとんどない。にもかかわらず、文章を読むと映像が出てきてしまうのだ。

トップセールスマンはスカッシュのプレーヤー

「ジムナジウムのスーパーマン」に描かれている主人公の坂本聖二は三四歳、トヨタ系列の販売店に所属し、契約件数一番のサラリーマンである。と同時に、日本チャンピオンであり、国際試合でも優勝を果たすという素晴らしい選手である。年収のほとんどは、海外遠征をはじめとしてスカッシュをやるために使われているという。

スカッシュを続けていくということは、当然、経済的なことだけが代償とはならない。海外遠征が理由での長期間にわたる有給休暇の消化、営業成績は優秀でも、仕事よりスカッシュにスタンスを置く姿勢など、社内評価や出世にかかわるといった問題が浮上してくる。それゆえ、スカッシュを続けることにも支障が出てくる。坂本自身も充分自覚しているのだが、やはりスカッシュを止めることができない。おのずと、人生の生き方という哲学が現れてくる。

スポーツにおける人間ドラマは、プロ・アマ関係なく存在していることが分かる。とくにアマのアスリートにとっては、ストイックにスポーツをするということが自身の生き方となっており、人生そのものとなっている。その心情を表している文章がある。

恐らく、彼の心の中には、誰もがそうであるように仕事だけでは埋められない空洞があるのだ。彼の場合、その空洞はスカッシュのボールの形をしている。一か月にクルマを一〇台売った。なかなかの成績だ。二〇台売った。驚異的な数字だ。しかし、だからといってどうしたというのだろう。空洞は埋まらない。（前掲書、一七二ページ）

生きるということは、こういうことなのかもしれない。趣味でスポーツを楽しんでいる人たち（私）とは別の世界が存在している。それは、遊びで夢中になっている姿がスポーツというものに変わり、そしてアスリートになっていった結果現れてくる世界なのだろう。

それにしても不思議だ。山際はいかにして「題材」を探してきたのだろうか。プロのスポーツを「題材」にするのであればまだ理解できる。何といっても不思議なのは、日常的にスポットライトを浴びないアマのスポーツ競技を、頻繁に「題材」として取り上げていることである。どのような状況で遭遇して、何を感じて書くことになったのか、そのプロセスを知りたいと思うときがある。

ノンフィクション作家である山際の日常は、その背景にスポーツのある生活があったのだろう。事実、山際自身もゴルフ、乗馬、テニスなどのプレーを楽しんでいたと聞く。スポーツが大好きで、プレーすることは趣味として楽しんでいたことは分かる。だからといって、読者を魅了するだけの文章が書けるとは思えない。

限界を超えたアスリート

「いいじゃないか。センスがあるぞ」

中学生の高橋が、高さ二メートルのバーをクリアした瞬間、コーチから掛けられた言葉である。

気分が昂揚する高橋は、自分が何者かになれるのではないか、と感じてしまう。

主人公の高橋卓己は二五歳で、「ポール・ヴェルター（棒高跳び）」の日本チャンピオンである。しかし、ここまでの「棒高跳び」の選手生活、決して順調に来たものではなく、高校生のときに一度挫折している。その挫折とは、インターハイで落下するといった失敗もあって、「むなしさ」という言葉を見つけてしまったことだ。「もっと自信をもって生きられるはずであった。でも何も変わらなかった」と。

高校での競技を最後に、可能性を感じていた棒高跳びに終止符を打つことにした。だが、ユニチカから誘いがあり、競技を続けることになる。そこで高橋が考えたことは、背が低くても技術を伸ばせば、ある程度高さを伸ばすことができるのではないかということだった。

ポール・ヴェルター、棒高跳びの世界ではこれが限界だろうという数字が計算されているという。一七一センチの高橋の場合、限界の高さが五メートル五〇センチだった。山際の「ポール・ヴェルター」には次のように書かれている。

> 彼はその限界に向かって進み、それを超えようとすることによって自らの夢と可能性に決着をつけるしかない。
>
> 高橋卓己の再出発は、そこに向けてのものだった。（前掲書、一二三〜一二八ページ）

一九八一年三月二四日、名古屋での「室内国際選手権」で限界の高さ五メートル五〇センチを超えた。それは、自らがもつ日本記録を更新するという新記録となった。

人間というものは、「壁」とか「限界」に対して、それを乗り越えたいという挑戦願望をもっている。ただ、多くの人は、限界を極めるまでの挑戦をすることはなく、日常に戻っていくというのが一般的である。その反面、「やりたいことができずに、うんざりしている」と愚痴っている人も多い。

少年の高橋卓己が、コーチから褒められ、自分が何者かになれるのではないかと挑戦してきた競技人生、大きな代償もあったことだろう。何かを成し遂げようとしたとき、リスクや代償がないということはあり得ない。

「やりたいこともできずに、うんざりしている」という人間にはなりたくない。「挑戦する」ということを美徳として、生きていきたい。このような高橋の生き方、アスリートでない人でも共感できるのではないだろうか。

山際淳司の文章からどのスポーツ競技にも人間ドラマがあることを知り、改めてスポーツの世界に興味をかきたてられた。私は、人生の目標の一つとして、山際のような「スポーツを語れる」人間になりたいと思っている。その第一弾が、ひょっとしたら本書の執筆かもしれない。

こんな私、山際の影響で「限界」に挑戦したいと思い、五〇歳過ぎたころから「サロマ湖100キロウルトラマラソン」に六回挑戦している。結果は一勝五敗というものだが、その代償は、右膝の故障という情けないものとなった。冬になると、今でも右膝が疼いてくる。

村松友視を読む

村松友視は、プロレスを観戦するファンに、「プロレスの思想」が存在すると訴えている。ちなみに私は、「プロレス」を「スポーツ」と置き換えて読むのもあり、か、と思っている。同じ格闘技であるボクシング・空手・柔道はスポーツとして認知されているが、プロレスは「興業」に位置づけられ、スポーツの世界には含まれていないようである。大変疑問に思っていることだが、ここでは「不満である」ということだけにしたい。

村松は中央公論社（現・中央公論新社）の元編集者で、その後作家に転進した。一九八二年、『時代屋の女房』（角川書店）で第八七回直木賞を受賞した人気作家である。この作品は、のちに映画化されたほかテレビドラマにもなっているのでご存じの方も多いだろう。

村松は、少年時代から熱狂的なプロレスファンである。同じく、私も少年時代からのプロレスファンである。一三歳のとき、初めてのプロレス観戦は鮮烈なものであった。家に帰ったあとも興奮してなかなか寝つけず、悶々とした時間を過ごしたことを鮮明に覚えている。

初観戦となった試合は、一九六六年一二月三日、インターナショナル選手権「ジャイアント馬場vsフリッツ・フォン・エリック戦」（日本武道館）であった。会場は怖そうな大人の男ばかりで、なにか「恐ろしい世界」に足を踏み入れたという感があったが、それ以上にエリックの「鉄の爪」のポスターが私を興奮させた。

試合内容はほとんど覚えていないが、頭に刻まれていることは、プロレスラーの圧倒的な肉体と、馬場のこめかみや胃袋に繰り出される「鉄の爪（アイアンクロー）」の迫力である。足が震えていた。と同時に、プロレスラーが醸し出す迫力の凄さに心を奪われてしまった。一九六六年一二月三日、この日は、私がプロレスファンになった記念の日となる。

ところで、「武道館　第三の矢」という言葉をご存じだろうか。日本武道館は、武道の殿堂（武道の聖地）を造ろうということで、東京オリンピックが開催された一九六四年に建設されたものだが、三つのイベント（興行）を指してこのように呼ばれている。

「第一の矢」は、一九六五年一一月三〇日、ボクシングバンタム級世界チャンピオン・ファイティング原田の防衛戦「対アランエフドキン戦」であった。武道館の柿落《こけら》としで、観客数一万二〇〇〇人と超満員になった。

「第二の矢」は、一九六六年六月三〇日〜七月二日に開催された「ザ・ビートルズの公演」である。「長髪、ヒッピーまがい、不良のやる騒音のような音楽に神聖なる武道館を貸し出してよいのか！」という反対運動が起こるほど話題になった。

そして「第三の矢」が、「ジャイアント馬場vsフリッツ・フォン・エリック戦」である。戦慄のシーン、怖いガイジンを見たさに前売り券は完売となり、こちらも超満員となった。

これら三つのイベントは、日本武道館建設の最高責任者が読売グループの統帥・正力松太郎（一八八五〜一九六九）であったことから、読売グループ（日本テレビ）の主導によって開催されている。

プロレスファンである私が忸怩《じくじ》たる思いをしていることがある。それは、「プロレスは八百長だ、ショーだ」という声である。友人や同僚との酒の席でプロレ

現在は音楽コンサートが中心となっている日本武道館

スの話題になると、「プロレスは八百長に決まっている」という言葉がよく出てくる。お酒が入り、相手のボルテージも上がっているので、さらにボロクソに貶《けな》されることになる。プロレスが分からない相手にいくら説明しても「馬の耳に念仏」と、私は無口になるだけのことが多かった。たぶん、プロレスを論理的に説明する言葉をもっていなかった自分自身に腹を立てていたのだろう。

『私、プロレスの味方です――金曜午後八時の論理』(情報センター出版局)が発売になったのが二七歳のときである。アントニオ猪木の新日本プロレスのファンであった私は、当時「東京スポーツ」を自宅配で取り、金曜日の午後八時には、ビールをセットしてテレビ観戦することを習慣にしていた。また、各シリーズの一試合は会場に行き、生《なま》で迫力のあるプロレス観戦をしていた。その際、よく行った会場が後楽園ホールである。

さて、この本、「目から鱗が落ちる」思いで全文を一

格闘技の聖地「後楽園ホール」〒112-004　東京都文京区後楽1丁目3-61

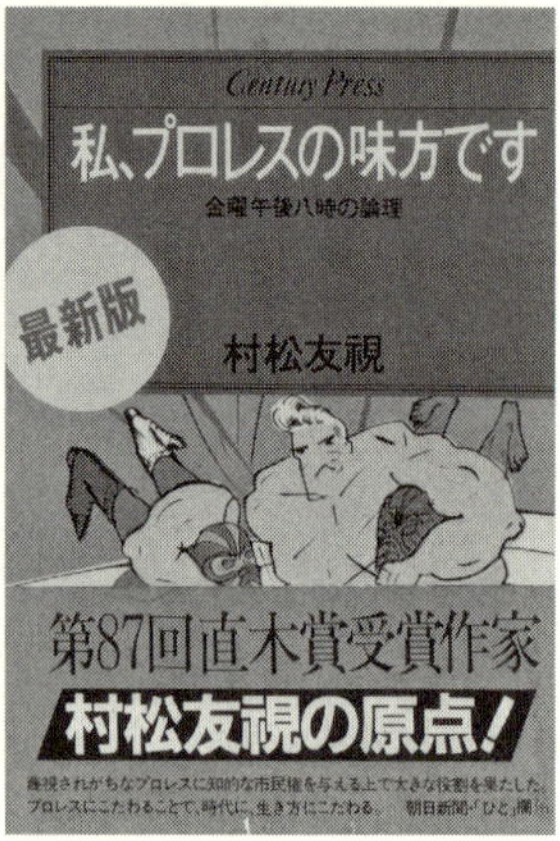

情報センター出版局、1980年

気に読んでしまった。と同時に、プロレスの見方に関してこんなにも鋭い人がいるのかと感動してしまった。とくに、プロレスとは「人間の凄み」であるという言葉には震える思いがした。私も同じく「プロレスの味方です！」と、声高に叫びたい心境であった。

「プロレスに惹かれるということは、ひとつの思想であると思わなければ意味がない」と、村松は言う。山際淳司が描く「人間ドラマ」とある意味で同義語である感じ、嬉しくなったことが忘れられない。

村松の「プロレスの見方（視点）」は非常に奥深い。当然、村松からもスポーツ観戦の奥の深さを教わることになった。そして、会場に足を運んで生《なま》で観戦することこそ、そのスポーツの面白さがより分かる方法と知らされた。以下では、私が習得した村松理論を、同じ格闘技であるボクシングとの比較を交えて紹介していきたい。

超一流のプロレスラーとは

プロレスラーのなかにも、やはり超一流と五流が存在している。その基準の一つがヘソにあって、腹の肉がダブついている一流のレスラーなんて存在しないと決めている。というのも、お腹周りが豊かな人から感じるのはふくよかさであり、村松が超一流の条件として挙げている「人間の凄み！」を感じることができないからだ。

この本を通じて、私のプロレスの見方も変わった。プロレスは「勝ち負け」という形をとっているわけだが、私は「勝ち負け」ではなく、そのレスラーが「強いか弱いか」を見定めるようになった。さらに、その強さに「凄み」が加わったレスラーが超一流であると評価するようにもなった。

フリッツ・フォン・エリックはもちろんであるが、タイガー・ジェット・シンも、アントニオ猪木に反則負けをしても、腕を折られても、「人間の凄み」をもった超一流レスラーであった。現在、新日本プロレスのIWGPチャンピオンとして君臨している「オカダカズチカ」、強いレスラーであることは認めるが、「人間の凄み」という点では「今ひとつ」という感じがしてしまう。そこが不満な点である。

プロレスの特徴

ボクシングと比較してみたい。ボクシングは勝つ美学である。対戦相手の磨かれたパンチをいかに防ぎ、自分の磨いたパンチでいかに相手を倒すかということで試合が成り立っているので、グレーな判定がないかぎり「勝者＝強者」となる。

一方、プロレスは魅せることを美学としている。いくら強くても、一人では試合が成立しないのがプロレスである。お互いに相手がもっている技を引き出し、その技のすべてを受け止めるのだ。最後はスタミナとガッツのあるレスラーが勝つのだが、鍛えた人間の「凄み」を見せるのがプロレスであるため、すべての試合において「勝者＝強者」とはならない。

魅せる美学であるプロレスをするためには、何と言っても強くなくてはいけない。相手の鍛え上げた技を受け止める強さがないと試合にならないのだ。「防御」をする代わりに「受け身」を鍛える。これがプロレスラーの一大特徴となっている。そして観客は、そんな超一流の強さを求めている。

換言すれば、「俺は強いぞ！」と粋がっている選手はダメということだ。二流三流の選手は、自分の役割も、相手のことも、試合や観客のことも見ていない。まったくもって、自分よがりなのだ。

そういう意味では、「型のやり取り」や「ショー的な要素」をプロレスは確かに含んでいると言える。ロープに飛ばされたらその反動で戻ってくる、ポスト上段に構えられたらリング内外にいても受け止める、ナックル・パンチ（コブシ打ち）による顔面攻撃をしない、相手の必殺技を必ず受けることなど、「暗黙のルール」が存在していることは間違いない。この「暗黙のルール」が、「プロレスは八百長」という言葉を生み出したのであろう。

プロレスは八百長か

村松は、「ルールこそ八百長である」と言っている。

ルールとはあらかじめ定められた八百長であり、そして、プロレスはルールにもっとも重みをおかないジャンルである、ゆえに、プロレスは八百長からもっとも遠いジャンルである。ただし、「八百長」というより「物語」が試合に生じることはたまにある。(中略) つまり、結果から原因を想像し、その過程の展開を思いめぐらす楽しみが誕生するのだ。(前掲書、二三~二四ページ)

ボクシングもプロレスも、反則のルールが細部にわたって定められている。ボクシングでは、ローブロー、バッティング、ダウン中の相手への攻撃、故意のホールドやクリンチなど数多く設定されている。プロレスの場合も、ナックル・パンチ(コブシ打ち)、トーキック(爪先蹴り)、一本指、二本指を攻める、急所攻撃などというように数多くある。

ボクシングの場合は、反則をすると注意・警告(何度か重なると減点になる)を受け、試合の勝敗に大きく影響するわけだが、プロレスのほうはレフェリーの判断に委ねられているだけだ。だから、「反則負け」というものがまずない。

プロレスでは、反則行為を公認している面が強い。レフェリーがファイブカウントを数えるまでに止めれば反則負けとはならない。たとえば、パイプ椅子で乱打する行為を度々見かけるが、前述したように、レフェリーが反則負けにすることはまずない。それは、反則行為という一つの「技」であり、対戦相手が引き出している場合があるからだ。

力量に差がある場合、弱者は椅子などの凶器攻撃を行ったり、セコンドも加担して攻め立てることで観客に力の均等をアピールしている。その反則行為を強者は容認し、ひたすら受け続ける。つまり、一流レスラーは絶対的に強いから、反則を受けることができるのだ。

ただ、それを見極める判断がレフェリーに求められることになる。試合の状況に水を差してはいけないし、もし反則負けで試合が終わってしまったら「観客」のストレスは溜まり、暴動が起きるかもしれない。悪のかぎりを尽くす相手を、最大の得意技で仕留めることを期待している「観客」もまた過激だと言える。

過激プロレスとは

村松が述べているとおり、プロレスには「八百長」というより「物語」が試合に生じることがたまにある。

力道山（一九二四～一九六三）の時代によく見かけた、善玉（ベビー・フェイス）vs悪玉（ヒール）の試合。善玉が日本人で、悪玉が外国人である。シャープ兄弟vs力道山・木村組、シャープ兄弟が木村を反則行為で散々痛めつける。観客の怒りが頂点に達したところで正義の味方である力道山が登場する。「堪忍袋の緒が切れた」とばかりに力道山が空手チョップを外人レスラーに浴びせ、木村を助けて勝利するという試合展開だ。

これも、今から考えるとかなり「クサイ物語」となる。「善玉vs悪玉」という物語の構図は、暗黙の了解のもとに行われている「プロレス内プロレス」である。急所をはずして殴ったり、技を掛けているので、鍛え上げた肉体をもつプロレスラーにはダメージが少ないのだ。

この「プロレス内プロレス」の境界線を越えた「過激なプロレス」を追及したのがアントニオ猪木であった。印象に残っているのがタイガー・ジェット・シンとの抗争である。抗争の物語は、一九七三年一〇月、新宿伊勢丹前で買物中のアントニオ猪木を襲撃した「新宿ストリート・ファイト」からはじまった。この「ストリート・ファイト」は警察沙汰にもなり、一般のニュースとして報道された事件でもある。

猪木vsシンとの闘いは壮絶であった。翌年の一九七四年五月に開催された「ゴールデン・ファイトシリーズ」では火焔で猪木の顔を焼いたシンだが、最終戦の大阪大会では猪木に腕を折られている。これが理由で、猪木との「抗争物語」はにわかにヒート・アップしていった。

善玉（ベビー・フェイス）である猪木が「人間の凄み」を出すことは、悪玉（ヒール）のシンに比べれば決して容易なことではない。そこで猪木が考えたことは、悪玉（ヒール）のシンの「人間の凄み」をより出させ、猪木という「人間の凄み」をシンにぶつけることで「物語」を完成させることであった。少なくとも私は、これが真意であったと理解している。ここで、再び村松の文章を紹介しよう。

満身創痍、ケガの連続で「過激なプロレス」の道をゆくアントニオ猪木に対し、デビュー以来無欠勤の「プロレス内プロレス」の道を歩いたジャイアント馬場は、今や、ゆったりとした気持ちでプロレスラーからの引退の時期を考えているにちがいない。（前掲書、一八二ページ）

「暗黙の了解」を超えて、試合の限界をどこまで拡大できるかと考えたのが猪木の新日本プロレスであった。新日本プロレスは、肉体がギシギシと軋むという過激なプロレスだったが、馬場の全日プロレスは、流血があっても過激なプロレスとは無縁であった。馬場の無欠勤の所以でもある。

ちなみに、シンが起こした「新宿ストリート・ファイト」は、猪木が仕掛けた「暗黙の了解」事項であった。警察からは「被害届を提出するように」と言われたが、「わが社、新日本プロレスの契約レスラーなので、その意思はない」と警察に伝えたという。それゆえ、新日本プロレスは警察から「厳重注意」を受けたという。

ジャイアント馬場の思い出

私は、ジャイアント馬場（一九三八〜一九九九）と正面からぶつかったことがある。まさに正面衝突であった。場所は、家の近くにある「マロードインホテル」の駐車場。馬場が亡くなる三、四年前だったと記憶している。

その朝、急いでいた私は、いつもと違う道を走って駅に向かっていた。その道を抜けたところが駐車場なのだが、大型バスの脇を走り過ぎようとしたそのとき、「壁」にぶつかったのだ。倒れはしなかったが、「何だ、何事だ！」と一瞬戸惑った。そして見上げると、なんと目の前にジャイアント馬場がいた。

馬場は笑みを浮かべ、謙虚な姿勢で「あっ、すみません。大丈夫ですか？」と言ってくれた（どうしても、こういう表現を使いたい）。

前日、馬場は熊谷体育館で試合があり、このホテルに宿泊していたのである。一瞬のことで戸惑うばかりであったが、驚く暇もなく（たぶん）「いいえ、こちらこそすみません」と言って別れた。ただそれだけのことであったが、柔らかな物腰にちょっと感動したことを覚えている。

馬場の試合は、先に述べたように「鉄の爪エリック戦」の思い出があるが、猪木派である当時の私は全日本プロレスの試合を観に行くことはなかった。しかし、このことがきっかけで馬場に好印象をもった私は、翌年、熊谷体育館に馬場の試合を観に行っている。「単純なやつ」と言える、一つの思い出となっている。

プロレスラーであったジャイアント馬場は、実は歴史小説が大好きという読書家であった。柴田錬三郎、司馬遼太郎のファンで、年間に二〇〇冊以上もの本を読んでいたと伝わっている。凄い冊数である。普通の会社員で、一年間にこんなにも多くの本を読んでいる人はまずいないだろう。

この読書量が理由で選ばれたのであろう、馬場が葉巻をくわえながら、足を組んで読書をしているというポスターを見かけたことがある。馬場の横には、本が山積みとなっていたと思うのだが、何のポスターであったかは覚えていない。たぶん、どこかの出版社がキャンペーンのためにつくったのだろう。

猪木派の私であるが、いまだにこのポスターは欲しいと思っている。エンターテインメントの最高峰となったプロレスラーが描き出す読書空間、違った意味でこの人の「凄さ」を知ることになった。

私のスポーツ観

プロレスで、社会の縮図的な要素を垣間見ることができるとも思っている。お互いに素手で戦うのだが、前述したように「暗黙の了解」があるわけだ。攻守逆転があって、相手の得意技も受ける。お互いの信頼関係がなければ、ファンに喜ばれる試合はできない。猪木とシンも、お互いに信頼し合っていたからこそ、あそこまでの試合ができたのだろう。でなければ、殺し合いになっているはずだ。仕事も同じで、信頼関係は不可欠と言える。

もう一つの例、長州力が藤波辰巳に対して「俺は、お前のかませ犬ではない」と言い放って人気レスラーに上っていった。それまでの長州は、なかなか実力が認められない存在であった。一般社会でも、組織のなかで上司から認められないということがよくある。そういうときは、チャンスが訪れるまで地道にコツコツとやるしかない。よい仕事をしていれば、いつかは誰かの目に留まり、チャンスが訪れるのだ。

逆に上司は、部下のよさやもち味を見つけ、引き出していかないと自らの成長もないし、活躍できる機会をなくすことになる。そんな状況は、自らだけではなく、会社にとっても部下にとっても損となる。

村松が述べていることだが、「プロレスとは何かと」という質問に対して、「プロレスとは何かを考えることがプロレスだ」というものがある。プロレスの筋書きは、観る者一人ひとりがつくるものだと言ったあと、「プロレスって、そう簡単に正体が見えるものじゃない」と言葉を続けている。まったくもって同感であり、私のプロレス観でもあり、組織観でもある。

スポーツは自己表現である。肉体を鍛え、技術を高め、精神を集中してプレーする姿には、その人なりの個性が現れるものだ。

私は、二〇一八年一月二八日、「第六六回勝田全国フルマラソン大会」に出場した。右ひざの怪我もあって、一年半ぶりとなったフルマラソンである。自分なりにトレーニングをして臨んだが、二八キロすぎから足の痛みが走り、苦しいレース展開となった。

何とか完走するために、まず呼吸を整え、歩幅を小さくしてリズムよく走ろう、呼吸と同時に腕の振りを大きくして上半身をリラックスさせよう、地面に足を落とすようにして足の蹴りを少なくしよう、建物や看板を目標に集中して走ろうと、さまざまなことを考えて走ったのだが、このとき、腹筋が弱いと呼吸を整えることが難しいことを実感した。

腹筋を鍛えてなかったことを後悔しつつ、考えられることをすべて実行して何とか完走することができた。タイムは悪かったが、いろいろと考えながら走ったので、少しは進歩できたのかな、と感じたレースであった。

私の事例ゆえ恐縮だが、このマラソンというスポーツをすることで「スポーツの思想」が育まれていくと思っている。このことは、いかなるスポーツにも、またすべての人にあてはまるだろう。その人なりの「スポーツの思想」が確立することで、「個性」というものが磨き上げられていくような気がする。

スポーツは、観戦するにしても、自身がプレーするにしても、勝ち負けだけで見てしまったら楽しくない。鍛えられた肉体、レベルの高い技術、強い精神力をもつアスリートに惹かれるのだ。スポーツに関係する本をたくさん読んだことで、これらのことを認識することができた。勝敗を超えて感動を与えてくれたアスリートに、「ありがとう！」と叫びたい。

「スポーツには貴賤はない」と、村松は言っている。選手と観客が対等であるためには、観客は「ぼっー」と見ていてはダメなのだ。アマ・プロを問わず、いかなるスポーツでもプレーの質を見極められる「視る眼」を身につけることがスポーツを楽しむための大前提となる。こんな気持ちにさせてくれた山際淳司と村松友視という二人の作家に「感謝！」したい。

第5章　本でちょっと昭和を

戦争、そして広島

五〇歳をすぎたころから、八月一五日にあわせて戦争および昭和史に関する本を毎年一、二冊読んできた。悲惨な出来事がたくさんあったわけだが、やはり広島と長崎への原爆投下とアメリカ軍の沖縄上陸戦が、その最大となるものだと思っている。

広島への原爆投下に関して、長く読まれている本が二冊ある。ヒロシマ原爆の罹災者や治療にあたった医師を取材記録した『ヒロシマ・ノート』（岩波新書）と小説『黒い雨』（新潮社）である。前者は、一九九四年にノーベル文学賞を受賞した大江健三郎、そして後者は、私と同じく釣りを趣味にしていた井伏鱒二《いぶせますじ》（一八九八～一九九三）である。

この二冊の影響もあって、広島の原爆ドームには一度行ってみたいと思っていた。大江同様、広島出身の井伏も膨大な資料を調べ、被爆地での詳細な取材を行ったと思われるが、いずれも被爆地を見る視点の凄さを強く感じてしまった。その被爆地に行って、自分自身が何を感じるかを知りたかったのだ。また、なぜ広島が原爆投下のターゲットになったのかについても知りたかった。

戦争を体験した錯覚に陥る「原爆ドーム

二〇一七年一〇月、広島駅に着いて早速広電に乗り、約一五分で「原爆ドーム前駅」に着いた。原爆ドームが目の前に現れ、身の引き締まる想いがしたが、知らず知らず食い入るように直視していた。

原爆ドームが象徴することは、過去の悲惨な戦争である。世の中、変わらないものは何一つないわけだが、絶対に変わらないものが一つある。それは、過去に起こった事実（真実）である。そんなことを思いながら原爆ドームの中に入った。

欧米の観光客が非常に多いことが意外であり、少し驚いた。近年は日本のどこの観光名所へ行っても東アジア系の観光客が圧倒的に多いのだが、ここは違っていた。原爆ドームや資料館などで欧米の観光客の様子を見ていると、騒ぐこともなく真剣な表情で写真や案内板を見ている。核反対の署名や、感想などを記載するブースでも、ほとんどの人が真剣な表情でペンを走らせている。その姿は、単に観光めぐりをしているのではなく、原子爆弾の悲惨な実態を知ると同時に核廃絶を願っている心情を伝えている。

原爆投下による罹災者、そして広島市における被害の実態も知ることができた。広島市近郊には、川幅が広く、水量の多い太田川が流れている（広島駅から宮島口に行く際に見える）。太田川は、市内入ると七つの川（戦後に一つ埋め立てられ現在は六つ）に分かれている。熱線と爆風による即死を免れた人たちの逃げ場は、一番身近な市内を流れる「七つの川」であった。「川は死体で埋まり、川から海へ流れ出て行方不明となった死体もおびただしくあった。被爆後二〜三ヶ月後になっても、沿岸部の海面や川に浮上してくる死体が見られた」と、案内板には書かれていた。

私が宿泊したビジネスホテルは「駅前大橋」を渡ってすぐの場所だが、五階の窓から見下ろすと目の前に京橋川が流れていた。この川にも被爆者が水を求めてやって来て、まもなく死体で埋まっていったという。やるせない気持ちでホテルの窓から川を眺めた。

広島に投下された原子爆弾には、原子核のウラニウム（ウラン）235が約二〇キロ詰められていたらしい。核分裂（核爆発）で巨大なエネルギーを瞬間的に発生させた結果、爆心地では、鉄が溶ける温度の二・六倍の熱線が三秒間も続き、半径二キロ以内では木材が自然発火し、大火災となった。

一瞬のうちに巨大な熱量が放出され、あらゆるものが蒸発して気体になったため激しい爆風が起こった。そして、核爆発で大量の放射線が発生し、被爆者を苦しめることになった。爆発と同時に、高度一万メートルにも達するキノコ雲が立ち上っている。その上昇気流によって放射能の灰をいっぱい含んだ「黒い雨」が広島の広い地域に降り注ぎ、さらに被爆者を増やしていった。

放射線のなかのガンマー線は、厚さ三〇メートルのコンクリートの壁さえも通り抜けて、中にいる五〇パーセントの人々を即死させると言われている。また、プルトニウムを資料で見てみると、自然界には存在しない、人類の科学技術によって生み出された猛毒の物質（一グラムで二〇万人の命が奪われてしまう）となっている。日本のエネルギーはこのプルトニウムに頼っている。プルトニウムを七〇～八〇トン利用すれば、核爆弾約一万個以上がつくれることになる。人類はまだ核物質を完全にコントロールできるだけの科学技術をもっていない。ゆえに、プルトニウムの利用は安全である、と推奨している人の気持ちが分からない。また、プルトニウムを利用する高速増殖炉から撤退している原発先進国が多いなか、外国からは、日本がプルトニウムをたくさんもつことに対し、核兵器の開発に使われるのではないかという声が多いとも聞く。

「原子力発電所」を何冊かの辞書で調べてみた。どういうわけかこのキーワードでは説明がなく、

「原子」という語句の補記として、「――・りょく・はつでん【原子力発電】原子炉で発生する熱エネルギーを利用した発電」とだけ説明がされていた。何となく物足りないので「ウイキペディア」で調べてみたら、次のように書かれていた。

原子炉の中でウランやプルトニウムが核分裂を持続的に、連鎖反応的に進行させ、その核分裂反応によって発生するエネルギーを熱エネルギーの形で取りだし（水を沸騰させて蒸気をつくり）それによって蒸気タービン（羽根車）を回転させて発電を行う発電所である。

これでも、私のような素人にはよく分からない。とくに福島原発の事故以後、世間の意識が高まっているのだから、せめてもう少し詳しい解説をお願いしたいところだが、辞典の編集者からすれば、「それに関する本を読め」ということかもしれない。

日本には原子力発電所が五四基ある。被爆国であり、地震国日本にもかかわらず世界第三位となっている。原爆ドームのある平和記念公園と原子力発電所という矛盾した国の姿に、ある危機感を覚えてしまう。

「なぜ広島市が原爆投下のターゲットになったのか」についても、資料・文書などで分かった。

広島市は軍都であった。現在の広島駅新幹線口一帯は、旧陸軍の東練兵場であったのだ。一八九〇（明治二三）年にこの土地を国が買い上げて練兵場が造られ、軍隊の演習場として使っていた。また、爆心地から数キロに位置する宇品港（現在の広島港）は、兵士や軍事物資などをアジアの戦場に送り出す重要な軍港であった。

さらに、広島県庁、広島城周辺の西練兵場のなかには帝国議会や大本営が設営されていた。また、隣接する呉市は造船において現在も有名であるが、「戦艦大和」を建造し、帝国海軍の拠点となる所であった。これらのことから、広島市は「陸軍の町」、呉市は「海軍の町」と言われ、戦時中は「日本の首都」とも言える町だった。

アメリカは原爆投下する候補地として東京・新潟・広島・小倉・長崎の五都市を挙げていたそうだが、「軍都広島」というのがターゲットにされた一番の理由なのだろう。このような悲劇を招いた広島を含む日本、その「戦前の昭和」はどんな国だったのだろうか。

戦前の昭和とは

司馬遼太郎が『この国のかたち（一）』（文春文庫）の「あとがき」で、次のように述べている。

やがて、ごくあたらしい江戸期や明治時代のことなども考えた。いくら考えても、昭和軍人たちのように、国家そのものを賭けものにして賭場《とば》にほうりこむようなことをやったひとびとがいたようにおもえなかった。（前掲書、二八三ページ）

日本の近代戦争史は、軍部の独走ではじまったと言われている。では、絶対的な君主者である昭和天皇の存在は？ また政治家の姿勢は？ そして、国民的熱狂があったと報道した戦時中のマスコミの対応は？ といった疑問が生じてしまう。

明治維新後の日本は、四〇年サイクルで大きな節目を迎えている。明治維新（一八六八年）から日露戦争（一九〇四年〜一九〇五年）までは国づくりの四〇年。日露戦争から一九四五年の終戦までの四〇年は日本の戦争史。そして、戦後の占領期間が終わり、国づくりをスタートする一九五二年からバブル崩壊（一九九三年）までの四〇年間。たくさん知りたいことが出てくる。少しずつだが、昭和史に関する本をこれまで読んできた。

『新装版 昭和史発掘（全九巻）』（松本清張、文春文庫）、『日本の戦争 なぜ、戦いに踏み切ったのか？』（田原総一郎、小学館）、『昭和史一九二六―一九四五』（半藤一利、平凡社ライブラリー）などの本から多くの知識が得られた。

「昭和史のバケモノ統帥権」とか「統帥権干犯《かんぱん》問題」という単語がやたらに出てくる。天皇が陸海軍を直接指揮する大権のことが統帥権である。この大権を犯すことが統帥権の干犯《かんぱん》である。「統帥権の干犯」という言葉を案出したのが、一九三六年の「二・二六事件」の際、理論的指導者の一人として銃殺刑となった北一輝（一八八三～一九三七）である。北は次のように言ったそうである。

「追い込め」とは何だろうな、と北一輝は考えて、ロンドン条約で政府を窮地に追い込む手段を見つけた。それは、条約のなかに「人民の名において」という文句があると気づくんです。（中略）日本には天皇陛下がいらっしゃるではないか。つまり“in the nemes of peoples”で兵力量を勝手に決めることは統帥権干犯である。（『昭和史が面白い』半藤一利編、文春文庫、二〇〇〇年、一六～一七ページ）

当時の陸海軍は、グゥの音も出ないほど強力な威力が統帥権にあるとは知らなかったようだが、この統帥権は、「伝家の宝刀として使える」と認識した。戦争は、軍部がこの統帥権を巧みに使って独走しはじめたものと言われている。

司馬遼太郎も『この国のかたち（四）』（文春文庫）のなかで、「日本史的日本を別国に変えてしまった魔法の杖は、統帥権にあった。（中略）こまかくいえば、統帥権そのものというより、その権についての解釈を強引に変えて、魔法のたねとした」（九三ページ）と、述べている。どうやら、日本の近代戦争史は、「統帥権」を悪用した軍部の独走が大きな要因であったようだ。

戦争の実態

太平洋戦争で敗戦となったわけだが、明治から敗戦までの日本史は、「満州ではじまり、満州で終わった」とも言える。日露戦争に勝利して満州鉄道の経営権などといった特殊権を手に入れ、それを保持し、いかに拡大するかに固執し、敗戦まで来てしまった感もある。

半藤一利《はんどうかずとし》は『昭和史　一九二六～一九四五』のなかで、「昭和史は、日露戦争の遺産を受けて、満州を日本の国防の最前線として領土にしようとしたところからスタートしました」（五〇〇ページ）と述べている。

その満州に渡った民間の日本人は約一六〇万人に上り、そのうち開拓団は二七万人となっている。そして、一七万人以上の人が帰ってこれなかった。その開拓団（満蒙開拓団）の苦難の歴史を伝え、平和の尊さを次世代に語り継ぐために設立された、満州移民史を扱う日本で唯一の民間施設として「満蒙開拓平和記念館[1]」というのがある。

所在地となっている下伊那郡は満蒙開拓団をもっとも多く送り出した地域で、開拓の背景と実情、また敗戦後の引き揚げの苦しさを伝える全国初の民間施設としてこの記念館は開設された。

私は「満蒙開拓平和記念館」を訪れたことはないが、実際に行った友人からこの記念館のことを聞いた。その友人によると、満州における開拓団の移住場所は、ソ連軍が攻撃してきたときに壁となる地域で、開拓団の実態は筆舌しがたいほど悲惨なものであったという。

広大な土地を馬で耕す様子、ソ連軍の参戦以降、現地人からの襲撃を恐れながら逃避行する開拓団員の様子など、入館した女性のなかには、その悲惨な惨状を思い浮かべて泣き崩れる人もいたという。

当時、満州事変から敗戦までの情報は美談（？）しか入ってこなかったような感じがするが、やはりその情報にはかなりの脚色があったのではないかと思ってしまう。現在、「満蒙開拓平和記念館」を訪れる人は少なく、地域にある学校が社会科見学の一環として利用されているケースが多いと聞く。私も一度訪れたい。訪れることができたら、「戦争」という辛く苦しい体験に少しでも近づくことができるかもしれない。

さて、満州からの「引き揚げ」の惨状を手記し、戦争の実態を描いた優れた本がある。藤原てい（一九一八〜二〇一六）が著した『流れる星は生きている』（中公文庫、一九七六年）である。

この本が刊行されたのは、終戦間もない一九四九（昭和二四）年である。大ベストセラーとなり、約七〇年過ぎた現在でも読み継がれている。その内容は、一九四五（昭和二〇）年八月九日、ソ連参戦の夜、藤原ていは夫（のちの新田次郎）と別れ離れになり、一人で子ども三人（長男正広六歳、次男正彦三歳、長女咲子一か月）を連れ、満州の新京にあった観象台官舎から朝鮮半島の北を通って南の釜山まで南下し、翌年の九月に実家のある上諏訪に帰還するまでの壮絶な脱出体験を記録したものである。

心に響くのは、母親の子どもと夫への熱い愛情である。どんなことがあっても無事に三人を日本に連れて帰るという強い意志、どんな苦境に遭遇してもそれを克服していくという精神力、自らの体力が限界を超えても頑張るという強さ、そして、いかなる状況に対峙しても常に次を見定め、諦めないという強い気持ち（希望）があった。夫が捕虜となってシベリアに連れていかれたことも、ていの背中を押すことになったのかもしれない。

観象台の官舎に住んでいた一七家族五九人での脱出となったわけだが、命綱となったのは満州から持って

流れる星は生きている
藤原てい＝著
追悼 藤原ていさん
敗戦下の悲運に耐えて生き抜いた
苦難と愛情の厳粛な記録
中公文庫
中公文庫、1976年

（1）二〇一三年四月二四日開館。〒395-0303　長野県下伊那郡阿智村駒場711の10　TEL: 0265-43-5580　定休日：火曜日、第二・四水曜日。

来た紙幣だけである。そのような状況のなか、もう一つ戦いが生まれた。「えっ、あの人が」という人も含めた仲間の裏切りであった。

私たちは持ち金を外に隠すことを考えねばならなかった。木の根や石の下、緑の下などに缶詰の空き缶の中に金を入れて隠すのであった。まず自分たちの団体の誰にも分からないように隠さねばならなかった。外部からのおそろしさより団体の間での盗難はすでに何回もあった。（前掲書、四三ページ）

敗戦の翌年、一九四六（昭和二一）年七月、ていは宣川《ソンチョン》から南下した。宣川から平壌《ピョンチャン》まで汽車、平壌から新幕《シンマク》まで貨車、そして新幕から三八度線の開城《ケソン》までは夜中に歩いた。決死の三八度線越えである。まさに地獄！　嵐のなかの山道は赤土で泥まみれ、三人の子どもを連れて「逃げおくれると私たちは殺される」と必死の思いで歩く。子どもたちは限界を超え、生死をさ迷う状況が続いた。

そして昭和二一年九月、丸一年かけて満州から故郷の上諏訪に帰国した。生きることとの壮絶な闘いでの生還であった。食べる、寝る、雨風を凌ぐ、金策、そして人間の利己主義などを体験したわけだが、家族への愛と生きる勇気がなければ到底生還することができなかったと思える。

諏訪の湯と書いてある大きな鏡に写った私の姿は自分で見てさえ恐ろしいほどのものであった。鏡というものを一年以上見たことのない私はどんな姿か、自分を見ることが出来なかった。そして今見た私は墓場から抜け出して来た、幽霊そのままの姿であった。（前掲書、三一二ページ）

戦後生まれの私には、この箇所を読んでもその姿を想像することはできない。しかし、戦争の痛ましさは分かる。それ以上に、子どもを思う母親の「強さ」を知ることができた。

終戦直後に発売されたこの作品により、敗戦国日本の実態を多くの人が知ったことだろう。八月一五日が終戦日ではなく、「一人ひとりの日常が戻った日」であることを思い知らされた作品である。

もう一つの昭和史

わが国の第一次高度経済成長期は、一九五四年一二月から一九七三年一一月までの一九年間である。私が生まれ、社会人になるまでの期間とほぼ重なる。一九五〇年に起こった朝鮮動乱（一九五三年まで）から経済成長がはじまり、東京オリンピック開催も控えた一九六〇年前後から日本は大きく変わっていった。大企業は国家政策の「拡大と合理化」という言葉のもと生産性第一主義を掲げ、人間も部品も管理する機構（システム）をつくり、大きく発展していったわけである。

その発展には、労働者の精神・肉体も顧みず、機械のように働かされるという実態があった。その実態に潜入ルポしたのが『自動車絶望工場――ある季節工の日記』（鎌田慧、講談社文庫）である。戦後の日本を描いた、もう一つの昭和史と言える。

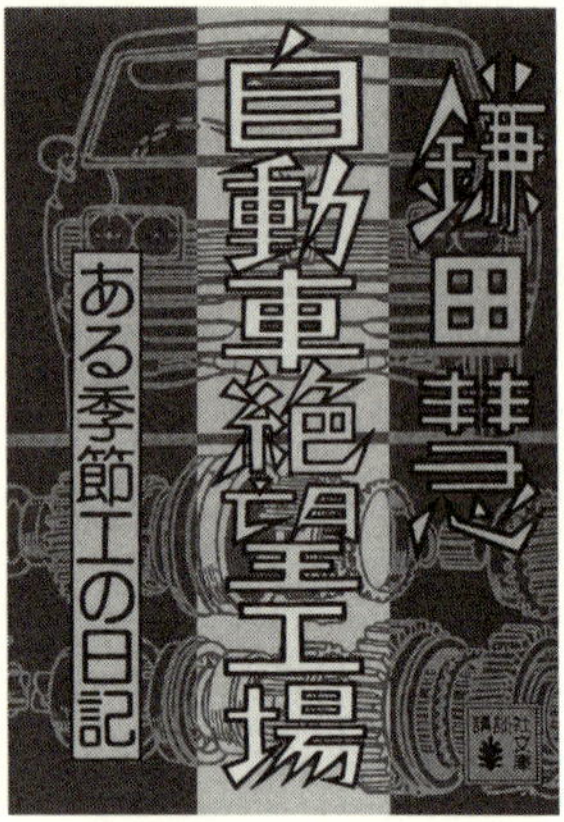

講談社文庫、1983年

ルポライターである鎌田慧自身がトヨタ自動車工場に潜入して季節工として働き、半年の体験をルポルタージュした本である。戦後、トヨタも労働組合問題があったわけだが、根本的な組合対策を組織的にはじめて完全な「御用組合」にしてしまった。そして、組合幹部は出世していくという現象は、日本航空の世界を描いた『沈まぬ太陽（全五巻）』（山崎豊子、新潮文庫）と同じである。

トヨタは朝鮮戦争特需によって発展していったわけだが、発足した警察予備隊（現在の自衛隊

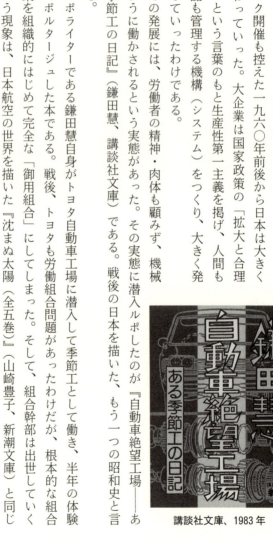

につながる武装組織）とは深い関係で結ばれていて、除隊者は優遇されてトヨタに入社している。職制の一割は警察予備隊の出身者だったそうである。また、自動車産業は日本産業の「戦略産業」として位置づけられ、国家から手厚く護られて発展を続けることになった。

アメリカのライン生産方式を参考にして、トヨタが独自につくり出した工場での運用システムのことを「トヨタ生産方式」という。そのシステムが生産性を高め、トヨタ自動車の発展に大きく寄与した。だが、その反面、工場で働く労働者を犠牲にしたという過酷な実態がある。「拡大と合理化」という目標の達成は、労働者の犠牲のうえで成り立っていた。機械導入（システム）で労働者数は少なくなって会社の「能率」はよくなるが、一人当たりの労働密度は上がるばかりで、トイレを行く暇もない現場であったという。その状況を次のように述べている。

ひとつ遅れると、その遅れを回復する時間もないし、必要以上のエネルギーを使う。修羅場だ。（中略）一定の間隔で、一定のスピードで、一台ずつ流れてくる、機械と同じスピードで。だから、機械と同じ正確な動作を、八時間継続しなければならない。機械は疲れないが、人間は疲れる。計算に敏い資本家も労働者の疲れは計算に入れない。（中略）仕事をさせるには鞭も怒鳴り声もいらない。ただ、ベルトを回しておけば良い。ベルトに絶対服従なのだ。（前掲書、三六〜三七ページ）

季節工を含め、離職率が非常に高く、人員不足は常態化していた。その原因は過重労働にあったわけだが、それ以上に、労働者の意思がまったく入らないという業務のあり方が大きな原因だったようだ。ロボットのごとく働くだけの生活がむなしくなり、短期間だけ稼いで辞めていくケースが多かったようだ。また、現場で発生した怪我や不祥事が表面化することはなく、隠蔽されてしまったとも書かれている。

会社から外部に流される情報は売上の伸長率と会社拡大に関するニュースであり、御用組合から発表される情報は工場現場とはかけ離れた福利厚生の充実などばかりで、工場現場の実態を報じたニュースは皆無であった。

トヨタには持家制度があり、職場のほとんどの人が「住宅資金積立」に加入していた。こうして二十代の労働者たちは、現場においてはコンベアに繋縛《けいばく》され、家庭では定年まで続く借金に拘束され、その人生をトヨタ資本によって束縛されることになった。

従業員の多くは、生産効率が高まるという論理で一つの部品のごとく記号化（従業員は番号制）されて管理・操作される。これ自体、労働者の感情や仕事への自主性を排除する行為となる。終身雇用制、所得倍増といった掛け声のもと、組合もコントロールされて猛烈に働く人間に変えられていったわけである。トヨタだけではないが、工場という現場には「一つの昭和史」があると思えてならない。

昭和の環境問題

高度経済成長のなかで発生した大きな社会問題として「公害問題」が挙げられる。そのなかでも、まず大気汚染を挙げたい。自動車産業に対しても強く指摘され、トヨタも一九七二年予算で「公害・安全対策に力 増資四二億円で資本金四六四億円に」と謳ったわけだが、そのほとんどが設備投資と海外投資にあてられた。あくまでも、生産第一主義なのである。

中日新聞(一九七二年一〇月四日付)に「大気汚染 やはり自動車主犯」という記事が掲載された。その内容は次のようなものである。

「大気汚染物質のうち、一酸化炭素(CO)の九三パーセント、炭化水素(HC)の五七パーセント、窒素酸化物(NOx)の三九パーセントは自動車が出しているという調査結果が環境庁から発表された」

前節で紹介した鎌田は、そのことに対して次にように述べている。

一 主犯は判明した。それでも、毎日毎分、休むことなく、主犯は工場から生み出され、街を

――わがもの顔でのし歩いている。(前掲書、七〇ページ)

トヨタはこの記事で重い腰を上げるのだが、やはり国家に護られているという「おごり」が出ている対応である。

水俣病の問題も大きい。二〇一八年二月一〇日、九〇歳で亡くなれた石牟礼道子(一九二七〜二〇一八)が著した『苦海浄土　わが水俣病』(講談社)で多くの人に知られることになった。化学工業会社チッソが、無計画に工場の廃液を熊本県不知火海に流したために人々と海の生物が汚染され、水俣を中心とするエリア一帯を「苦界」にしてしまったのだ。廃液に含まれていたメチル水銀が、魚介類の食物連鎖で起きた人類史上最初の病気の原因であった。しかし、やはり国はそれを保護した。

『複合汚染』(有吉佐和子、新潮文庫)も読んだ。毒性物質の複合がもたらす汚染の実態は、主食であるお米をはじめとして食べるものがないことを痛感させられた。言葉を換えれば、食べ物を口に入れるのが怖いぐらいである。

この本でも国家の暴挙が描かれている。「農協」は農家に、体に害のある有機農業・除草剤を安全なものとしてすすめる。その「農協」を保護しているのが国家である。その背景を知っている農家は、自分の家で食べるものに関しては無農薬で米や野菜をつくっていた。誰が考えてもおかしな社会であった。

このような社会問題に対して、国家は無策だったとしか思えない。そして、それは、今日においても同じかもしれない。

相変わらず経済成長第一主義で、コマーシャリズムも果てしなく続き、労働者（とくに非正規労働者）の長時間労働は当たり前、幼いときから大金をかけて塾に行かざるを得ないという教育制度、イジメ問題を学校だけの責任にするという社会意識、自然環境の破壊、そして傷害や殺人といった事件が連日のように起きている現代社会、解決するどころか、それこそ「成長」していくばかりである。

ここで挙げた本を読むだけでも社会システムの「歪み」に気付くはずだ。自己反省も含めてだが、より多くの人がこれらの本から学び、「現状打破を図る」といった気概のある人物を育成し、国の中枢部に送り込んでいかなければならない。日本社会の主人公になるのは、あなた、とくに若い世代の人びとである。

第６章　東京を歩く

歩くことは旅

列車に乗って京都や奈良などに行き、日常と違った環境に赴くことが「旅」であるとよく言われる。しかし、現在の経済状況では、そのような旅がなかなかできないというのが現実だろう。テレビの旅番組を見たり、ＪＲ東海のコマーシャルを見て、「そうだ、旅に出よう」と思っても、先立つものがない（時間はあるが……）。日本政府が考えているほど庶民は豊かではないのだ、ということをここで言いたいわけではない。

さて、二〇二〇年の東京オリンピックを目前にして、都内の各所ではインバウンドに対する観光戦略が進められているようだ。都内各地のプロモーション映像を見て、「えっ、そうなの？」と思う人も多いことだろう。それほど、都内に住んでいても、東京という街の風景に魅力を感じている人が少ないのかもしれない。

かつて都心の西側（杉並区など）や南側（大田区など）に住んでいる人に聞いた話だが、浅草について「遠い！」という印象しかもちあわせていなかった。ましてや、池波正太郎（一九二三〜一九九〇）の世界を体現することのできる深川（門前仲町あたり）となると、「行ったこともない！」と言っていた。考えてみれば、京都人も京都観光をしているわけではないだろうから、当然のことかもしれない。

しかし私は、東京の街を歩くのが好きだ。生まれてから現在まで、川口、浦和、上福岡、熊谷と、東京都の隣に位置する埼玉県に住んできたので都民ではない。一時「ダサイタマ」と揶揄された埼玉県の唯一の利点が、東京へふらっと出掛けられることである。この利点を活かし、私にとっては「東京の街歩き」が旅となった。

旅とは、心の中で味わうもので距離ではない、と哲学者のようなことを思っているが、交通費が安くつくので助かっている。

前述したように、若いころはアメリカ文化に傾倒していたために「山の手エリア」に関心をもっていたが、年齢を重ねるごとに江戸情緒が残る下町に関心が移っていった。ざっくりではあるが、東京は皇居を境にして、高級住宅街の多い西側が「山の手[1]」となり、ＪＲ山手線内の東側が「下町[2]」となる。

この両エリアを、自分の感覚だけで、目的もなくただひたすら歩くというのが私の旅である。各エリアでいろいろなことを感じたり、開放的な気分になったり、ちょっと思考をしたりする時間がこのうえなく好きだ。そして、旅の終わりに居酒屋で熱燗を一杯（？）やれれば満足なのである。

こんな旅をより充実させてくれるのが「本」である。たとえば、上野公園に行って、西郷さんの銅像を見て、写真を撮ってきただけではつまらない。やはり、西郷隆盛（一八二八〜一八七七）の人物像とか薩摩藩と鹿児島の歴史などを調べてみたくなる。調べるという行為は楽しいものだ。それこそ、自分が知らなかった世界が新たに入ってくることになる。紙上で東京の街をさらに楽しむことができるだけに、本は欠かせない必需品となっている。

本章では、私がこれまで行ってきた「東京の街歩き」を紹介していきたい。山の手では「渋谷」「青山」「赤坂界隈」、下町では「銀座界隈」となる。どこも、印象に残っている街ばかりである。もちろん、それらの街に関する本もあわせて紹介していきたい。

（1）江戸時代は本郷・小石川・牛込・四谷・赤坂・青山・麻布などの台地の地域を称し、武家屋敷や寺院が多かった。

（2）下町の代表的な地域は日本橋、京橋、神田、下谷、浅草、本所、深川など職人の町である。

渋谷を歩く

JR渋谷駅の「ハチ公口」に降り、駅を背にしてスクランブル交差点に立つ。渋谷という街が、ターミナルを中心として発展してきた所であるということがよく分かる。現在も東口側で再開発が進められているが、その工事の際、駅前広場の地下を北から南に流れる「渋谷川」の暗渠が半世紀ぶりに姿を現した。かつて渋谷川に流れ込んでいた支川「河骨川《かわほねがわ》」が、小学校でよく歌われている『春の小川[3]』のモデルと言われている。

このことからも分かるように、渋谷はスリバチ状になっていて坂が多い。その代表となるのが、スクランブル交差点の東にある「宮益坂」と西にある「道玄坂」である。宮益坂は、青山通り[4]から表参道[5]へ、そして原宿、明治神宮・代々木公園へとつながる道の起点となる。

一方、道玄坂は、「道玄坂小路」などの小路はセンター街にもつながり、とくに一九六〇年代半ばから繁栄してきた坂である。また、かつて花街であった「円山町」(京王線「神泉駅」が近い)に行く経路でもある。

現在の円山町はラブホテルで有名だが、ラブホテルのほとんどの経営者は、以前花街を営んでいた人たちであるという。ラブホテルには、年配の夫婦もよく利用されていると聞く。円山町は、昔から続く経営者たちの努力によっていまだ健在のようである。また最近では、渋谷中心街の喧騒を避ける客層に合わせたＤＪクラブや飲食店で栄えているともいう。
『アースダイバー』（中沢新一、講談社）では、渋谷のことが次のように書かれていた。

渋谷の駅前の大交差点は、かつては水の底にあり、そのまわりを宮益坂からと道玄坂側からと、ふたつの方角からのなだらかな斜面が、取り囲んでいた。（中略）しだいに水は引いて、底まで干上がるようになると、今日ぼくたちの知っている渋谷の地形があらわれた。ふたつの方角から大きな坂が、すり鉢の底にむかって下りてくる、あの独特の地形である。すると、そこにはごく自然に、花街がつくられた。（前掲書、六一ページ、六二ページ）

（3） 山手通りと井の頭通りが交差するあたり、小田急線の代々木八幡駅の近くに『春の小川』の石碑が立てられている。
（4） 国道246号のうち、千代田区から渋谷区までの区間の通称。千代田区三宅坂から、港区赤坂・青山を経て、渋谷区渋谷に至る大通りである。
（5） 明治神宮の参道の一つ。現在の都道413号線のうち、青山通りから明治神宮の神宮橋交差点に至る区間が相当する。

戦後の渋谷は、怖い街であったそうだ。それを象徴する事件が「渋谷事件」である。終戦の翌年、一九四六年七月一九日、渋谷警察署を襲撃した在日台湾人を、渋谷警察署と暴力団の落合一家と武田組、および愚連隊の万年東一一派が迎え撃ったという事件である。渋谷は、裏社会の勢力が拡大していったという歴史的な背景があることでも有名な街である。

ちなみに、「プロレスの殿堂」と言われた「リキパレス」[6]があったのも渋谷である。東急プラザ（現在建て替え中）の右にある脇道の、急な坂を約三〇〇メートル上った先にあった。駅から五、六分だが、かなりきつい坂になっている。現在、跡地には黒一色の「ヒューマックス渋谷ビル」が立っている。

このような渋谷、長い間、東急グループ一色の街であった。そこに一石を投じたのが西武グループである。一九六八（昭和四三）年、西武デパートが宇田川町の井の頭通り

再開発中の渋谷駅前（2018年6月撮影）

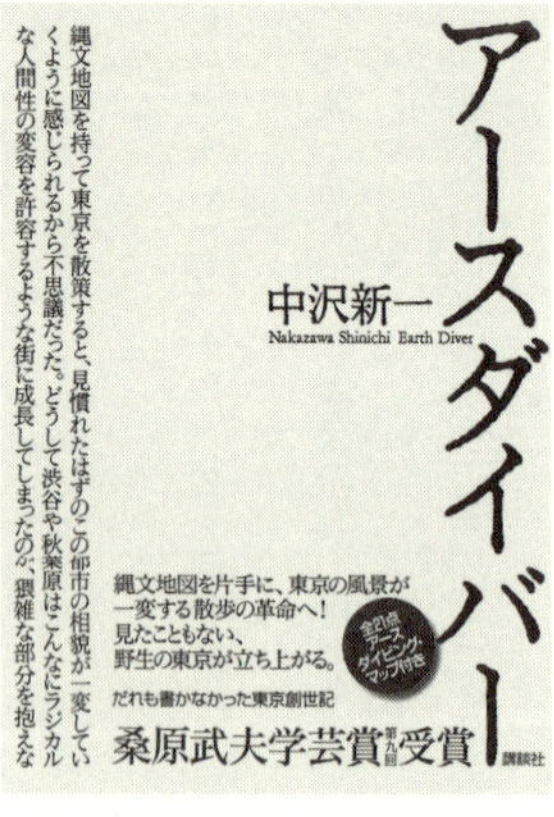

講談社、2005年

入り口に「A館」と「B館」の二館をオープンした。「B館」のターゲットを若者に置いたこともあり、徐々に若者層を獲得していくことになった。その後、「ファッションの街・渋谷」を決定づけたのが、一九七三年にオープンした西武系列のファッションデパート「渋谷パルコ」であった。

さらに東急と西武は競い合い、一九七八年「東急ハンズ」、一九七九年に「渋谷109」、一九八七年に「ロフト」、そして一九八九年に「Bunkamura」などが開業され、「ファッションの街・渋谷」、「流行発信の街・渋谷」として全盛期を迎えたわけであるが、このころから、おじさんが行ける所ではなくなった。

渋谷が発展した一九七〇年代のアメリカというと、ヒッピーのムーブメントが世界に広がり、ジャニス・ジョプリン（Janis Lyn Joplin, 1943〜1970）、ジム・モリソン（James Douglas "Jim" Morrison, 1943〜1971）をはじめとするミュージシャンの死が相次いだときである。その時代のアメリカの若者を描いた『イージー・ライダー』が一九七〇年に公開され、多くの若者から支持を得た。

一方、日本では、連合赤軍の「あさま山荘事件」（一九七二年）と、その仲間へのリンチ殺人

（6）正式名称は「リキ・スポーツパレス」という総合スポーツレジャービルである。プロレスラーの力道山が自らの事業として建設・運営したビル。

事件が明るみになったことが契機となり、「団塊世代」の伝統と制度の破壊を中心とした学生運動が終焉を迎え、若者の価値観が変わっていった時期となる。また、アラブ諸国がアメリカや西欧諸国に石油の供給を拒否したことによる「オイルショック」(一九七三年)が起き、世界が混乱に陥ったときでもあった。

若者の象徴であった渋谷公園通り

「渋谷公園通り」に初めて行ったのは二〇歳(一九七三年)のときで、年末にデートで行ったという記憶がある。その年の七月に「渋谷パルコ」がオープンし、若い女性の人気スポットとなっていたが、さらに人気があったのが「渋谷公園通り」[7]であった。

ボーナスが出たこともあって、「渋谷パルコ」での買い物を目的として渋谷に行った。当時、若者に人気のあった「丸井」をよく利用していたので、「丸井渋谷店」経由「パルコ」と買い物を楽しむことにしていた。相変わらず多くのお客さんで混雑していた「丸井」だが、「パルコ」はその比ではなく、その混雑ぶりに圧倒されたことを覚えている。

なんといっても、スタイルがよく、ファッションセンス抜群の「個性ある都会の女性」たちがショッピングを楽しんでいる姿が印象的であった。それに、一人でショッピングをしている素敵な女性が多かったことも印象に残っている。一方、男性も負けていなかった。「パルコ」には、

「Domon《ドモン》」や「Kent《ケント》」などといったメンズファッションが充実していたのだ。

買い物のあとに渋谷公園通りを歩いたが、やはり人が多く、活気のある通りであった。オシャレなブティックや喫茶店、カフェが建ち並び、場所はちょっと分かりづらかったが、前衛小劇場の「渋谷ジァン・ジァン」(8)が時代の先端を行く象徴的な存在として君臨していた。

渋谷ジァン・ジァンでは、芝居だけではなく、ユーミンや中島みゆきなどといった多くのアーティストたちも活発にライブを行い、若者の支持を得ていた。私も、ニューミュージックとは違うジャンルだが、津軽三味線の高橋竹山、浅川マキ、長谷川きよし、山崎ハコなどのライブに行った記憶がある。キャパが二〇〇名という小劇場なので、熱気に包まれた劇場でのライブ感はバッチリであった!

コンサートホールである渋谷公会堂(9)とＮＨＫも「公園通り」に大きく貢献をしていた。とくに

---

(7) 丸井渋谷店付近から代々木公園に通じる緩やかな坂道。渋谷パルコ開店を機に命名。名称は、「パルコ」がイタリア語で「公園」を意味すること、この通りが代々木公園に通じていることに由来する。

(8) 一九六九年~二〇〇〇年まで営業。東京山手協会の地下にあり、文字通り「アンダーグラウンド」(通称:アングラ)に前衛舞台芸術の発信地として機能してきた。現在は、「公園通りクラシックス」というアコースティックサロンとなっている。TEL: 03-3464-2701

(9) 開館が一九六五年に開館した「渋谷C.C.Lemonホール」のこと。二〇一五年一〇月に閉館され、二〇一九年五月に新装オープンする予定である。

渋谷公会堂は、若者に人気のあるアーティストのライブを頻繁に開催して存在感を示していた。

このようなことから推察すると、渋谷公園通りの喫茶店とカフェには、アーティストをはじめとしてさまざまなクリエイターがたくさん集まっていたことになる。ちなみに、内田裕也の事務所も渋谷公園通りにあったと記憶している。

渋谷公園通りから代々木公園、原宿へとつながっていくルートは、若者の新たなスポットにもなり、時代が大きく変わっていく雰囲気にあふれていた。このような当時の渋谷について書かれた本がある。文学、映画、漫画、東京、旅などをテーマにした評論やエッセーなどで知られる川本三郎が著した『雑踏の社会学――東京ひとり歩き』（TBSブリタニカ）である。川本は「町歩き本」も多数刊行しており、近年の「散歩ブーム」の火付け役とも言える人物である。当時、川本は「公園通り」と「渋谷」を次のように評している。


渋谷、とくに公園通り一帯は七〇年代に入って急成長してきた新しい町である。六〇年代までは若者の町といえば新宿だったがいまや完全に渋谷にとってかわられている。（中略）七〇年代の一〇年という時代は「論」「政治」から「趣味」「遊び」へと若い世代の関心が移行していった転換期である。（中略）ウエストコーストふうな白いコーヒーハウスで軽いジョークや音楽を楽しむ若者が登場した。（前掲書、一二八ページ）

この時代の渋谷の街づくりに大きく影響を与えたものとして、雑誌「ぴあ」の存在がある。一九七二年七月に月刊誌「ぴあ」として創刊され、一年後の一九七三年六月から書店の店頭に並ぶようになった。『一九七二』（坪内祐三、文春文庫）で詳細に書かれているが、「ぴあ」とは、矢内廣（現ぴあ株式会社代表取締役社長）を中心に大学生のアルバイト仲間がつくった、映画、音楽、演劇の情報誌である。創刊時は、その対象が東京都内だけとなっていた。

当時の若者は（私もその一人）「ぴあ」を持参して、都内の映画館、とくに名画座や「ジァン・ジァン」をはじめとするアングラ劇などを徘徊していた。『一九七二』にも書かれていることだが、若者が主体的に街へ出ていくことに「ぴあ」は大きく貢献したと思われる。

私も多くの名画座を観て回ったが、渋谷では明治通り沿いにあった、二本立てが六八〇円で観られる洋画専門の名画座「渋谷全線座」（一九五六年から一九七七年まで営業）が好きでよく観に行っていた。この名画座で西部劇をはじめとしたリバイバル名画をよく観たわけだが、一番記憶に残っているのが、チャールトン・ヘストン（Charlton Heston, 1923～2008）主演のスペクタル映画『ベンハー』（一九五九年）である。

帝政ローマ時代に、国を失った民族であるユダヤに生まれた青年ベンハーの過酷な運命とその姿をイエス・キリストに絡めて描くという内容だが、その壮大な演出に感動し、忘れられない映画となっている。今考えると、私の映画鑑賞の土壌をつくってくれたのが「ぴあ」であり、名画座の存在であったように思う。

当時、映画を観終わったあと、センター街にある「お好み焼きこけし」に寄るというのが通例となっていた。センター街に三、四軒の支店があるという人気店であったが、現在の客層には支持されなかったようで、撤退したと聞いている。

苦悩する渋谷

二〇一八年一月の平日、思い出深い渋谷に久しぶりに行った。熊谷駅からJR湘南ライナー高崎線に乗ると、一時間一五分で渋谷駅に到着する。昔と違って埼京線が延長しているし、高崎線や宇都宮線も直通となっているので大変便利だ。また、東急田園都市線と東急東横線の渋谷駅の地下化にともない、東京メトロ副都心線とも直通運転となっているので、現在はどの地域からも簡単に渋谷へ行けるようになっている。

渋谷は、新宿、池袋と並ぶ三大副都心の一つであり、山手線のターミナル駅を中心として発展した街である。しかし、近年、東京駅、品川駅、横浜駅に乗降客で抜かれ、六位に落ちているという不思議な現象を示している。

この日は、以前よく歩いたコースを久しぶりに回ることにした。スクランブル交差点からスタートして、公園通りから代々木公園・原宿に行き、表参道から青山通りを経て宮益坂を下って渋谷駅中央口に戻り、再びスクランブル交差点から道玄坂、文化村通り、そしてセンター街をゆっくりと回り、道玄坂小路やスペイン坂などの路地をめぐるというコースである。

電車が渋谷駅ホーム（湘南ライナー発着ホーム）に着き、ハチ公口の改札口まで歩くのだが、一〇分以上かかるというその距離の長さに驚くと同時に、その間にトイレがないという不便さを感じてしまった（年をとると、やはりトイレが近くなる）。

ハチ公口を出てスクランブル交差点に立つが、やはり女性を中心に人が多い。四面画面から流れる広告テレビ、二館ある「109」はじめ「TUTAYA」や「ヤマダ電機」といった大手チェーンの看板が目立つ風景は、何となく池袋駅の東口で見る「混み混み感のある風景」と重なってしまう。

渋谷公園通りを歩く前に、ファッションで人気を得ていた西武デパートB館に寄ることにしてスクランブル交差点を渡った。西武デパートB館の印象は、高級感あるファッションブランドが多数入っており、一つの空間を演出していて魅力的ではあるが、どのフロアもお客さんの姿が数人という寂しい状況であった。「ZARA」「FOREVER 21」「H&M」などの外資系にお客を取られているのかもしれない。

西武デパートB館を後にして、いよいよ渋谷公園通りである。西武デパートから真っ直ぐ行く人は多いのだが、渋谷公園通りには人の流れがまったくない。ある程度覚悟はしていたが、現実の衰退状況は想像以上である。かつて、「渋谷のなかに一つの街があった」と言われた面影は、現在、まったくなかった。

前述したようなオシャレなブティックやカフェなどは当然のごとくなく、さらに、「ファッションの街」渋谷の象徴的な存在であった「渋谷パルコ」と「渋谷公会堂」も建て替え中で、まったく淋しい通りと化していた。

渋谷公園通りに通じる「スペイン坂」などの路地も魅力は半減しており、空き店舗もいくつか見かけられた。それにしても、スクランブル交差点で信号待ちをしていた人たちは、いったいどこに消えてしまったのだろうか。

気を取り直して原宿に出て、表参道から青山通りへと歩く。原宿駅の周辺は別として、表参道にはブティックが建ち並び、渋谷の東南アジア系の外国人に反して、欧米人がショッピングを楽しんでいる姿が多く見受けられ、何となく伸び伸びとした空気感が漂ってくる。

青山通りから宮益坂を下って渋谷に戻るわけだが、見慣れたせいなのか、あまり新鮮さが感じられない。久しぶりに、青山通りにある「青山ブックセンター本店」に寄ってみた。相変わらず

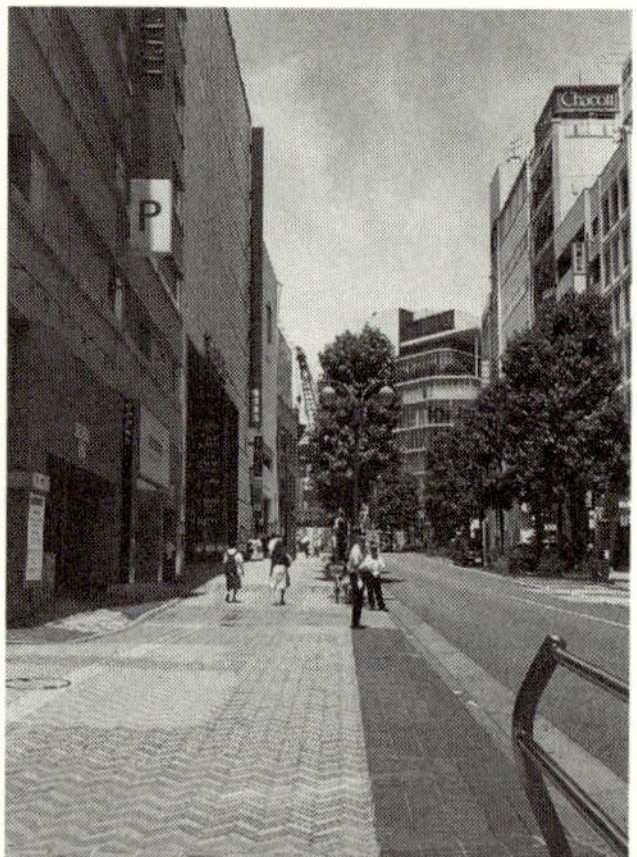

2018年6月に撮影した公園通りの様子

品揃えがよく、私の好きな書店の一つである。行かれたことのある人ならご存じだろうが、青山通りから入ったビルの地下にあるので、その存在を知らない人がブラリと入るという書店ではない。もし、青山通り沿いに店舗を構えていたら、さらに多くの読者に支持されただろうと、ちょっと残念な気がする。

青山ブックセンターの一号店となる六本木店がオープンしたのが一九八〇年である。クリエイターが多いという六本木の特色を活かし、写真・デザイン・建築関係の本を中心としたオリジナリティーの豊かな品揃えをした書店であった。メディアにもたびたび取り上げられたこともあり、私も一読者として、また仕事上の観点からもよく訪れたところである。

この六本木店が、二〇一八年六月二五日に閉店となった。これで、一〇店舗あった青山ブックセンターは本店のみとなった。また、書店が街から消えていくことになった……本当に寂しいかぎりである。

スクランブル交差点に再び立ち、道玄坂と「道玄坂小路」からセンター街

青山ブックセンター本店　〒150-0001 東京都渋谷区神宮前5-53-67 コスモス青山ガーデンフロア（B2）
TEL: 03-5485-5511

などを中心に歩く。ここでも、心がときめくような遭遇がなく、「雑然とした街」渋谷という印象である。大手チェーンの飲食店が目立ち、渋谷の個性が見えなくなってしまったことが残念でならない。「流行の発信地・渋谷」から「流行を消費する街・渋谷」になっているとよく聞くが、その現実を見た思いがする。

ご存じのように、現在の渋谷は再開発の真っただ中である（一三二ページの写真参照）。渋谷駅中央口前をはじめ、東急プラザ、渋谷パルコ、渋谷公会堂、渋谷区役所など、工事中ばかりなのでとにかく騒々しい。二〇一七年四月に明治通り沿いにオープンした「渋谷キャスト」や二〇一八年秋にオープン予定の「渋谷ストリーム」などは、原宿、青山、代官山へと渋谷の商圏を広げていくための政策をベースにした再開発らしいが、さてどのように変貌するのだろうか。

『東京から考える――格差・郊外・ナショナリズム』（東浩紀・北田暁大、ＮＨＫブックス）という本がある。そのなかで著者の東浩紀が、都市風景の変容を語っているので紹介しておこう。

そもそも二一世紀の都市の理念で「個性のある街」が必要とされているのか、という問題があります。（中略）私たちはもはや、物理的な都市には適度で安全な消費の場しか求めていないのかもしれない。（前掲書、二〇ページ）

これを読むと、思わず納得してしまう。現代の日本は、ほとんどの街づくりが企業ファーストで行われているように感じてしまう。人を育てる、文化をつくるという意識と政策がなく、経済的に潤うことが予測されるとどこにでも顔を出す大企業、そして、それに甘んじる自治体がいかんせん多い。

大企業と自治体は、「文化戦略」とか「若者文化とアートの街づくり」などとカッコいいアドバルーンを必ず掲げるのだが、その企業が衰退すると、自力では立ち直れないほどのダメージをその街は受けることになる。そんな事例の一つが、西武グループと渋谷の関係なのではないだろうか。

ボローニャ紀行
井上ひさし
イタリアの街から
世界の在りかたを考える
ただ愉しむだけが旅ではない、
こんなふうに旅は思考の場所なのかもしれない
文藝春秋刊　定価(本体1190円+税)

文藝春秋、2008年

このような事例は、とくに地方の中小都市に多く見られる。各地域の主要駅の周りを見ると、「ここは東京か?!」と思うような光景が広がっている。時間とお金をかけてわざわざ訪れた地で、東京と同じような風景は見たくない。そう考えると、やはり企業ファーストではなく「市民ファースト」で街づくりを思考してほしい。そうでないと、大都市ほど街の風景が破壊される可能性が高くなる。

『ボローニャ紀行』（井上ひさし、文藝春秋）を読んだ私としては、素人ながら、街づくりにおいては「ボローニャ方式」を希望したい。それについて井上（一九三四〜二〇一〇）は、次のように述べている。

古い建物は、その外観のままに、内部を徹底的に改造して、新しい目的のために活用する。そのさい古い建物が果たしていた役目をしっかり受けつぐ。そして街を賑やかに活気づける。外観だけのこしたのでは、ただの景色である。そこに人が生き生きと働いていなければならない。そのことでその建物が、その街並みがいっそう美しくなる。これがボローニャ方式である。（前掲書、九〇ページ）

少なくとも、自治体で働いている人には読んでもらいたい本である。読めば、ゼネコンや大資本の「言いなり」にはならないだろうし、地元独自の知恵を活かす方法が見つかるはずだ。文庫版も出版されており、二五〇ページほどの本だから読む時間もそれほどかからない。ぜひ読んで、さまざまなアイディアを捻出して欲しい。

原宿から青山・赤坂へ

私が考え出した散策コースでお気に入りとなっているのが、表参道から南青山、六本木、そして赤坂に行き、赤坂界隈をぶらぶらするコースである。

原宿から表参道を真っ直ぐ行くと青山通りと交差するが、そのまま直進し、楡家通りに入って青山霊園から六本木・赤坂へと向かう。青山霊園までの周辺は閑静な住宅街であるが、個性あるブティックやデザイナー事務所がたくさん建ち並んでいる。近くには「根津美術館」や「岡本太郎記念館」(10)があるので、美術館めぐりとしても楽しいコースだ。また、「岡本太郎記念館」に隣接して、一流のジャズ演奏が楽しめる「ブルーノート東京」(11)もあ

(10) 〒107‒0062　東京都港区南青山6‒1‒19　TEL: 03‒3406‒0801
(11) 〒107‒0062　東京都南青山6‒3‒16　TEL: 03‒5485‒0088

根津嘉一郎が収集した日本・東洋の絵画などが展示されている「根津美術館」〒107‒0062　東京都港区南青山6‒5‒1　TEL: 03‒3400‒2536

って、音楽ファンにも人気のあるエリアとなっている。

楡家通りから「青山霊園」に入る手前の「青山橋」から青山の街を眺めると、この界隈がかなりの高台であることに驚く。と同時に、青山界隈の地形を再認識させられてしまう。再び、中沢新一の『アースダイバー』から引用しよう。

かつて青山台地は、人間の舌のかっこうをした大きな「岬」として、足許に海水を受けていた。そして、芝や三田の高台の場合と同じように、ここは古代からの大きな埋葬地だった。いまの青山墓地の南西部の、少し傾斜のはいったあたりが、もっとも古い埋葬地の跡を示している。埋葬地であったことを示す土器や石器が、たくさん発掘されてきた。（前掲書、一六〇～一六一ページ）

さらに中沢新一は、「青山の台地は、死霊の支配する『自由』の空間である。『自由』の空間は、ファッションの生まれる創造的な空間なる資格を持つのである」と述べている。なぜ、青山がファッションの街として君臨しているのかという理由を、少し垣間見たような気がする。

赤坂を歩く

赤坂での一番の目的は坂道である。渋谷は坂道が多い街、と先ほど述べたわけだが、江戸時代初期から大名屋敷や幕臣の邸宅などが混在していた赤坂も坂道が多い。東京の坂道を詳細に記載した本として、『新訂版　タモリのTOKYO坂道美学入門』(タモリ、講談社)がある。この本は、山野勝氏(元講談社常務／現坂道研究家)とタモリの二人によって書かれた本である。そして、この二人は、会員二名という「日本坂道学会」を結成している。このようなユーモア(?)、私は大好きだ。

講談社、2011年

山野は「毎日新聞」の取材で、「ほとんどの道が江戸時代と変わらない。江戸時代の記憶は唯一、道しかない」と述べている。また、東京の坂道のことを「坂道の名前には江戸の文化が凝縮している。名前の由来を知り、実際に歩いてみるだけで、江戸の歴史の一端を触れることができる。町歩きを楽しむという意味では、東京は京都にだって負けていないと思う」と、力強く語っている。
ちなみに、この本によってタモリが坂道に詳しいということが世間で有名になり、NHKの人気番組『ブラタモリ』につながったという。

私は一〇年ほど前から江戸の歴史を垣間見ることができる赤坂の坂道を歩くことが好きになり、この本に掲載されているいくつかのコースを実際に歩いてきた。ここでは、そのなかから「南部坂（赤坂）コース」を紹介することにする。このコースは、六本木駅を出発して、檜町公園→檜坂→氷川神社→南部坂→霊山観音院→勝海舟邸跡地→赤坂駅着というものである。

毛利家をしのぶ檜公園

六本木通りから外苑東通りへ東京メトロ日比谷線の「六本木駅」近くの「東京ミッドタウン」(12)右側の道路を直進すると、

江戸時代には毛利家の下屋敷があった檜公園（右）と檜坂

檜公園と檜坂に至る。檜公園の庭園は「清水園」と呼ばれ、江戸時代、大名屋敷のなかでも名園の一つとして知られていた。周りに檜の木が多かったことから毛利家の屋敷は「檜屋敷」とも呼ばれ、「檜町」という地名の由来にもなった（公園の名もこれに由来する）。ちなみに、檜公園は国有地で、現在、無償貸付を受けている公園だが、毛利家をしのぶには十分である。

外苑東通りから一本入った檜坂は、檜公園と建ち並ぶマンションに挟まれた、長さが約五〇メートルという短い坂である。外苑東通りと打って変わって、人の通りも車の往来も少ない緩やかで特徴のない坂であった。

赤坂氷川神社

檜坂から赤坂神社へ向かう。その距離約三〇〇メートルだが、檜坂より急な坂道を下ることになる。左右は高級マンションが並ぶ住宅街である。そこを過ぎ、坂道を上ると左手に「赤坂氷川神社」が見えてくる。

赤坂氷川神社には、天然記念物「氷川神社のイチョウ」が聳えている。目通り（地上一・五メートルの高さ）の幹径約二・四メートル、幹周約七・五メートルを測る指定樹齢四〇〇年の巨樹

（12）〒107–0052　東京都港区赤坂9–7–1　TEL: 03–3475–3100／防衛庁本庁檜町庁舎跡地の再開発により、二〇〇七年三月にオープン。

である。現在残る社殿より一〇〇〇年も古い樹齢となる。

御祭神は素戔嗚尊《すさのおのみこと》、奇稲田姫命《くしいなだひめのみこと》、大己貴命《おおなむぢのみこと》(別名、大国主命)で、九五一年に武州豊島郡一ッ木村に祀られ、一〇〇〇年以上の歴史を有している神社である。江戸時代に入り、江戸幕府八大将軍徳川吉宗が老中(岡崎城主水野忠之)に命じて、現在地に社殿が建立された。一七三〇(享保一五)年四月二六日に遷座が行われ、二八日には将軍が直々に参拝したと伝わっている。現在ある社殿はこのときに造営されたもので、東京都の有形文化財に指定されている。

樹齢1100年以上とされる氷川神社のイチョウ

この神社が建立される前に何があったかというと、映画などの『忠臣蔵』で有名な浅野内匠頭の正室瑤泉院《ようぜんいん》の実家、浅野土佐守邸であった。『忠臣蔵』と言っても、最近の若い人たちは知らないようなので簡単に説明しておこう。

赤穂藩の藩主浅野《あさの》内匠頭長矩《たくみのかみながのり》は、一七〇一(元禄一四)年三月一四日、江戸城内の「松の廊下」で吉良《きら》上野介義央《こうずのすけよしひさ》を切りつけた。内匠頭長矩は即日切腹を命じられ、領地没収のうえ、お家は断絶となってしまう。この幕府の処置に不服を申し立てたのが、大石内蔵助《おおいしくらのすけ》をはじめとする元赤穂藩の四七人である。申し立てが聞き入られなかった大石たちは、藩主内匠頭の敵を討つため、一七〇二（元禄一五）年一二月一四日、本所松坂町（ＪＲ両国駅近く）にあった吉良邸に討ち入り、上野介を討ち果たしたというストーリーである。

機会があったら、ＤＶＤなどで観て欲しい映画である。ひょっとしたら、「忠義」という単語の意味が分かるかもしれない。

さて、正室瑤泉院は、内匠頭が切腹したあと生家である浅野家に引き取られ、それ以後、一七一四（正徳四）年に死去するまで、現在「赤坂氷川神社」となっているこの地で幽居生活を送った。赤穂浪士が討ち入りをする前、一人の男が瑤泉院を訪れている。その人物とは……。

南部坂（赤坂）

赤坂氷川神社を後にして南部坂へ向かう。赤坂氷川神社からの距離は約三〇〇メートルと近い。南部坂は緩やかにカーブして、少し傾斜のきつい坂道だ。長さは約二〇〇メートル強で、ここも短い坂道である。

『新訂版　タモリのＴＯＫＹＯ坂道美学入門』にも記載されていることだが、ここは映画・歌舞伎で「南部坂雪の別れ」と言われる『忠臣蔵』を象徴する泣かせどころの舞台である。先ほどの人物がこの坂を上って瑤泉院を訪ね、伝えるべきことを言えないまま、雪が降るなかこの坂道を下っていった。

その人物というのが大石内蔵助（一六五九〜一七〇三）である。吉良邸へ討ち入ることを瑤泉院に報告しに行ったわけだが、吉良側の間者が潜んでいることを察知し、直接その旨を伝えず、血判状を残しただけで屋敷を後にした大石の心中は……。

大石内蔵助が下っていった南部坂

このような名シーンを、これまでに多くの役者が演じてきた。そのどれもが、クライマックスとなる討ち入りの場面よりも印象深い。なぜなら、どの作品でも、このシーンにおける大石のセリフがなく、仕草と表情だけで演じているからだ。とくに、傘を差しながら坂道の途中で屋敷を振り返るところは、筆舌《ひつぜつ》に尽くしがたい。

さて、この坂の名前の由来となった南部家中屋敷は、一六五六（明暦二）年、赤穂藩浅野家との間で屋敷の取り替えが行われている。その際、南部家は現在の南麻布四丁目から五丁目にある「有栖川宮記念公園」のある場所へと移動したため、もう一つの「南部坂」が生まれてしまった。

『忠臣蔵』のファンが「南部坂」を訪れることが多いせいだろう、南麻布の「南部坂」の上り口には、「この坂は『忠臣蔵』の南部坂ではありません。その南部坂は赤坂にあります」と書かれた案内板が立っている。

南部坂の周辺

南部坂の周辺には、転坂《ころびさか》と氷川坂という名前の坂もある。まずは転坂、鹿島建設別館の裏通りに位置する長さ約一〇〇メートルの坂道である。その先には氷川公園がある。

氷川公園に立つ「赤坂地区旧町名由来板」を読むと、明治初期に武家統合がなされた際、江戸時代をしのぶ町名が付けられたと書かれている。たとえば、「赤坂福吉町」「赤坂中ノ町」「赤坂氷川町」である。「赤坂福吉町」は、福岡藩の「福」と人吉藩の「吉」をとって付けられたもので、「福」と「吉」という縁起のよい町名ということで、当時、人々の間で評判になったそうだ。

現在は、単に「赤坂一丁目」とか「赤坂二丁目」などといった町名になっているわけだが、せっかく歴史のある町なのに、何か味気のない気がしてならない。いったい誰が決めたのか知らないが、どう考えてみても行政側の管理上の問題としか思えない。東京オリンピックをふまえて外国人に東京を紹介したいのなら、このような姿勢を改める必要があるように思う。

もう一方の坂、氷川神社の北を走る氷川坂は車一台が通る平凡な坂であった。氷川神社周辺にはもう一つの坂、本氷川坂がある。『新訂版タモリのTOKYO坂道美学入門』では、「氷川神社の西脇を、優雅に湾曲しながら上っていく坂道で、氷川坂よりも断然おすすめな坂である」と書かれている。

本氷川坂を下った近くには勝海舟邸があった。勝（一八二三～一八九九）に会うために坂本龍馬（一八三六～一八六七）がここを訪れている。龍馬と同じ所に立っているのかと想像するだけで、歴史ファンである私は浮き浮きしてしまう。さらに元禄のころ（一六八八年～一七〇四年）は、先ほど紹介した赤穂藩浅野家の屋敷であったようだ。

江戸時代から道が悪く、人がよく転んだことから命名された転坂

勝は、エリア内で三回引っ越しをしているという。一つは未確認であるが、この本氷川坂下ともう一つの勝海舟邸跡は確認することができた。もちろん、そこにも行ってみた。旧氷川小学校の敷地でもあるそこには、勝海舟と坂本龍馬像が建っていた。改めて、感動！　それにしても、ここに二人の銅像があることをどれだけの人が知っているのだろうか。かつて、このあたりのことを友人に話したことがあるが、知っていた人は一人もいなかった。

近くに、都内唯一の水子供養専門寺院である「霊山観音赤坂別院徳持寺」が路地を入った正面にあったが、私が行ったときには鍵が掛かっていて中に入ることができなかった。この寺で「南部坂（赤坂）コース」は終了となるが、毛利家、浅野家、南部家などの名だたる大名屋敷があったエリアのことを調べながら歩くことは実に楽しい。改めて、江戸という歴史空間を堪能することができたように思える。

このほかにも赤坂には、急坂のため、通る車賃を銀三分《さんぷん》（現在の一〇〇円余）増したという理由で付けられた「三分坂」（赤坂五丁目五番、七丁目六番の間にある）をはじめとしてたくさんの坂道がある。坂道に興味があり、歩くことが好きな人、そして江戸という歴史が好きな人にとっては魅力的なエリアである。政治ニュースで話題となる高級料亭ばかりでない所、それが赤坂である。

坂の途中の東側に本氷川神社があったことが理由で名付けられた本氷川坂

勝海舟と坂本龍馬の師弟像

銀座をブラブラ

銀座といえば「銀ブラ」である。若いころから、この言葉は一つの憧れであった。しかし、一七歳ぐらいのときにグループサウンズを目当てに「日劇ウエスタンカーニバル[13]」を観るために日劇へ行ったときや、二〇歳をすぎたころから銀座並木通りにあった「銀座並木座[14]」へ小津映画や黒澤映画などを観に行ったときにも「銀ブラ」をすることはなかった。

そして、年を重ねるごとに、日比谷野外音楽堂でのライブのときに立ち寄ったり、山野楽器、伊東屋（文房具店）、教文館（書店）などを目的に銀座へ行くことが多くなり、自然と「銀ブラ」をするようになっていた。銀座には、デパートの催事、画廊、喫茶店、パンの木村屋、バーなど数多く立ち寄る所あるので、銀座の街をブラブラと歩いていても飽きることがない。

じつは、『銀座の画廊巡り』（野呂洋子、新評論）という本を読むまで、「銀ブラ」とは、今書いたように銀座の街をブラブラすることだと思っていた。この本には「銀ブラ」に注が打たれており、その説明は以下のようになっていた。

新評論、2011年

「銀ブラ」は「銀座をブラブラすること」ではなく、菊池寛、芥川龍之介など多くの文学者がカフェーパウリスタの「ブラジルコーヒー」を銀座で飲むことから、言葉として一般化した。(前掲書、一六七ページ)

ちょっと恥ずかしい思いをしたが、多くの人が私と同じように思っていたはずだから、許してもらえるだろう。それに、この本を読んだあとに銀座の画廊巡りもしているので、著者と出版社にも敬意を表したことになる。なんと、本書と同じ出版社である!

それにしても、銀座は人が多いにもかかわらずゆったりとした気分で歩ける。街を行き交う人を眺めるのが好きなせいか、本当にブラブラすることが楽しい街だ。日本一土地が高いことでも有名な銀座、そんなステータスにあやかろうと思ったのか、日本全国に「銀座」と名が付く商店街は三四五件もあるという(15)。そういえば、商店街ではないが、私の住所も「熊谷市銀座」となっている。

(13) 一九五八年二月から一九七七年八月まで、日本劇場で開催されていた音楽フェスティバルである。
(14) 東京老舗の名画座。雑居ビル(東京都中央区2—3—5)の地下にあり、八〇席ぐらいの狭い映画館であった。一九五三年に開業し一九九八年に閉館となる。
(15) 全国商店街振興組合連合会による二〇〇四年の調査。ちょっと古いので、この数に増減があると思われる。

本題に戻ろう。ブラブラしたあとに、一丁目の並木通りにある「大衆割烹三州屋銀座店」と「ライオン銀座七丁目店」でお酒やビールを飲むのも楽しみの一つとなっている。ちなみに、「三州屋」は午前一一時三〇分から営業しており、刺身定食や揚げ物の定食などが人気でサラリーマンやOLの食事処となっている。もちろん、昼間から酒を飲んでいるおじさんたちや若い人もおり、一日中賑わっている店である。

縁とは不思議なもので、その「三州屋」のある場所が、「銀座並木座」が入っていた雑居ビルの右脇道の約一五メートル先である。「三州屋銀座店」がいつから営業しているのかを確認をしていないが、「銀座並木座」に行ったときにはまったく気付かずにいた。たぶん、当時は若かったせいもあって、お酒に対して無頓着であったのだろう。

娘たちも嫁ぎ、年に一度二泊三日の旅行を妻とするようになったある年、銀座にホテルを予約し、銀座を中心とした「東京旅行」をしようということになった。京都や奈良に行くのと違って交通費はかからないし、宿泊した「ホテルグレイスリー銀座」（「ライオン銀座七丁目店」の真裏）も素泊まりなので、経済的にもやさしい東京旅行となった（これに味をしめ、翌年も行っている）。

このとき、銀座の独特な街づくりに興味が湧き、銀座の街の魅力とはなんであるのかと確認したくなった。さまざまな本を読み、いろいろと思考するなかで、江戸草創期、銀座より早くに整備された日本橋から京橋経由で銀座に入ることでこの街の特徴がより理解できるのではないかと考え、日本橋─京橋─銀座という道程で銀座に行くことにした。その後、銀座に行く場合、この道程は私のルーティンとなっている。

日本橋から銀座へ

東京駅八重洲口から外堀通りを北へ行き「一石橋《いちこくばし》」(16)を渡って、「貨幣博物館」「日本銀行本店」「三井住友銀行本店」「三越本店」などの洋館造りのある道路を経て、「コレド室町1・2・3」で賑わう中央通り、日本橋室町に出る。京橋、銀座へ至るこの中央通りは江戸最古の大通りで、現在は三越や髙島屋などといった老舗百貨店が軒を並べている。また近くには、東京証券取引所などが所在しており、日本を代表する金融街でもある。ちなみに、「日本銀行本店」の建物は、航空写真で見ると「円」の字になっている。

徳川家康は、江戸入りののち、高台（山の手）に屋敷を造ったあと、低湿地帯を埋め立てて職

(16)「いっこくばし」ともいう。皇居の外濠と日本橋の分岐点に架橋され、日本橋川に架かる橋のなかでは低い橋である。「日本橋」同様、上を高速道路が走っているというこの橋の姿は悲しい。

人町を造って下町を形成していった。現在の日本橋人形町あたりには遊郭「吉原」も造っている。その吉原は、一六五七年に起こった明暦の大火で焼失し、現在の台東区千束に移転している。

また、日本橋の北側の河岸には、一九二三年に起こった関東大震災まで魚河岸があった。大震災で崩壊し、震災後に昭和通りをつくって中央区築地に移転している。ご存じのように、二〇一八年の秋には豊洲に移転することが決まっているわけだが、これまでの経緯と見ると、税金の無駄遣いをしているように思えてならない（都民税を納めたことはないが）。

先にも述べたように、このあたりから京橋を経由して銀座に入るわけだが、銀座までの中央通りでは、日本橋室町一丁目にある江戸時代末期創業の「かつおぶし大和屋」で買い物をする以外は、「丸善日本橋店」に時々寄るぐらいであった。横丁もなく、大手デパートと銀行、そして各県のアンテナショップが並ぶだけの中央通りは、私にとっては魅力ある通りではなかった。

しかし、女性にとってはどうやら違うようだ。「コレド室町1・2・3」には、毎週末、多くの人が訪れて賑やかな様相を呈している。映画館も入っているせいか、よく見ると年配の男性も結構いる。食事、ショッピング、娯楽と、カップルや家族連れにとっては最高のエリアとなっている。

この賑わいをさらに高めたのが、東野圭吾が著した『麒麟の翼』（講談社）である。二〇一二年には映画化もされ、多くの人が日本橋に設置されている「麒麟像」に足を運んだ。週末となると、麒麟像をバックに記念写真を撮っている「人だかり」ができるほどであった。

前作の『新参者』（講談社）では、メインステージとなっている人形町に多くの人を呼び、この作品では日本橋にさらなる人を呼び込んでいる。もちろん、テレビドラマや映画といった影響もあるのだろうが、一冊の本が多くの人を動かしたというわけだ。その力、侮ることができない。

ちなみに、「新参者シリーズ」の最終章となる『祈りの幕が下りるとき』（講談社）も二〇一八年一月に映画化され、大ヒットしている。個人的な意見だが、この作品に関しては、原作より映画のほうがよかったと思っている。「映画人」のアイディアが、著者を含む「出版人」のアイディアを上回ったということかもしれない。

評価はともかく、原作を読んで映画を観る（もちろん、その逆でもいい）、それぞれ携わっている人が絞り出し

1911年4月3日に開橋した日本橋

映画で一躍有名になった日本橋の麒麟像

たアイディアを探しながら読んだり、観たりすることが、読者（観客）側がさらに楽しむ方法ではないだろうか。著者・製作者vs読者・観客、この関係こそがエンターテインメント！

歩みを進めよう。「中央通り」が「銀座通り」（一丁目から八丁目の俗称）となると、街の姿が一変する。もちろん、いい意味でのギャップを感じさせてくれる。

銀座の歴史

銀座は、江戸時代には職人の町であった。前掲した『アースダイバー』によると、職人たちは「座」という組合をつくり、自分たちの権利を守ろうとしたようだ。艶やかさにおいては、ほかの金属の追随を許さない銀。職人が、それを吹いたり加工したりして貨幣などをつくっていた。この「銀」と「座」で「銀座」である。

1896年2月に竣工した日本銀行本店。東京の「建築遺産50選」に指定されている

農業が主産業であった時代だが、ここにはいっさい農業が入らなかった。東側がすぐ海という

立地のため、土壌も関係していたのだろう。それがゆえに、職人の町として特化したものと思われる。職人たちも独特な艶やかさを育んでいったという。もちろん、華やかな遊びも生まれ、派手な職人の町「銀座」の誕生となった。

ここで疑問が生まれる。では「金座」はどこにあったのだろうか？　その答えは、先に紹介した日本銀行の本店がある場所だ。見学コースも用意されている日本銀行、「たまには足を運んで欲しい」と関係者がつぶやいているかもしれない。

さて、江戸時代初期に町人の町として誕生した銀座、江戸が「東京」と改められて遷都し、新しい国家としての明治時代を迎えた。前述したように、江戸時代にも明暦の大火（一六五七年）で大きな被害を出しているが、一九二三年の関東大震災、そして一九四五年の東京大空襲などが理由で町の消失という経験もしている。現在の都市文化を考えると、町の姿かたちが大きく変わっていってもおかしくないところだが、銀座だけは、江戸、明治、大正、昭和、そして平成に至る四〇〇年という存在感を示している。

講談社、2006年

江戸時代の建物や、明治初期に煉瓦街にした建物が存在しているわけではない（アルマーニの制服で話題

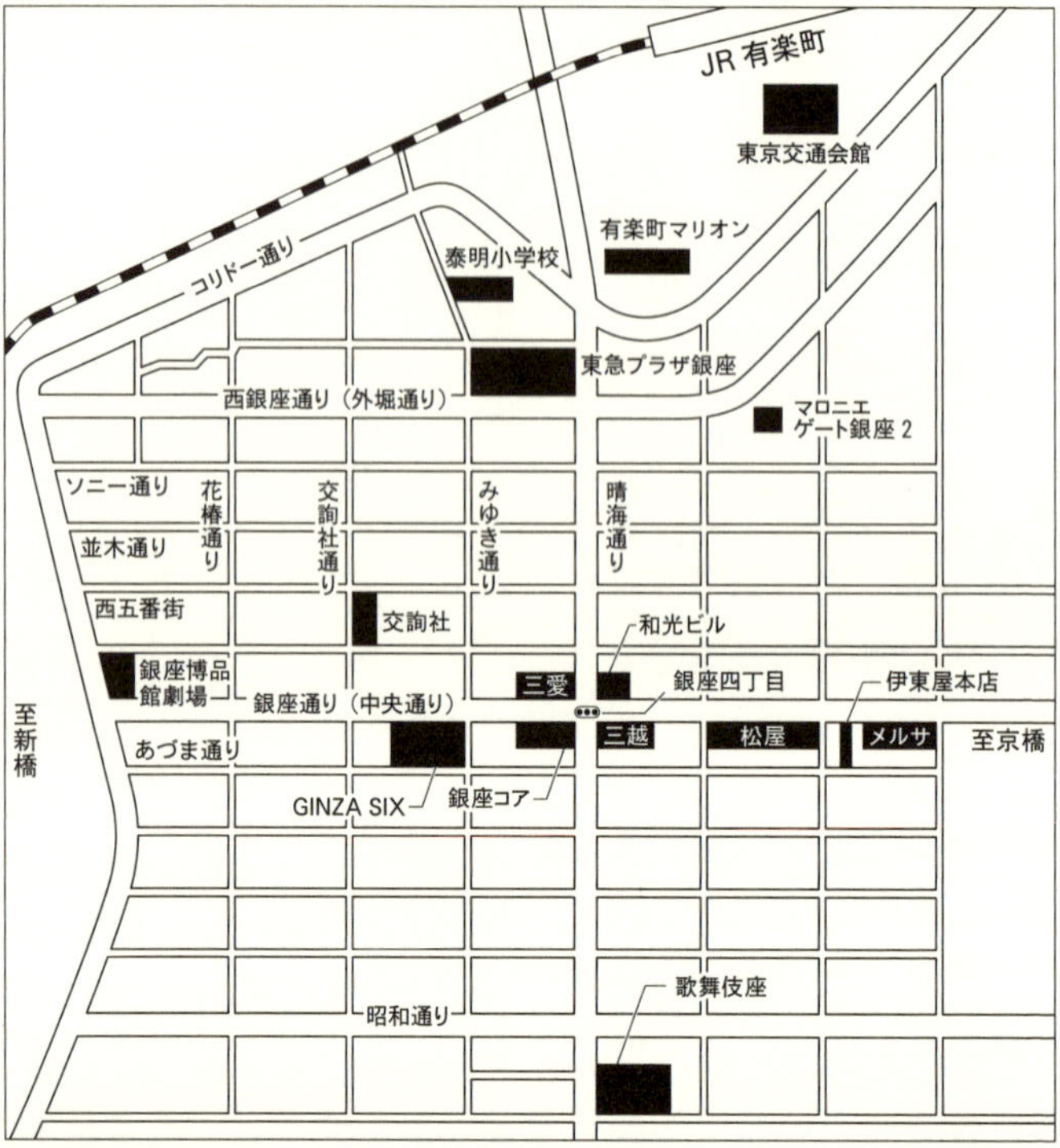

銀座の町を構成する路地

ご存じ銀座 4 丁目

となった泰明小学校など一部の建物を除き）。それどころか、常に新しいビルが建築中である。にもかかわらず、歴史の重みを感じてしまうのだ。

『銀座四百年――都市空間の歴史』（岡本哲志、講談社）を読むと、その理由を確認することができる。江戸時代に造った町割りを基本的に維持してきたことに関する、地元経営者の街づくりへのこだわりがこの本に書かれている。

町人地としての銀座は、グリッド状[17]に構成されている。その一つの特徴として、街路（市街地の道路）が挙げられる。一町を構成する通りの長さを「京間六〇間[18]」とし、町と町の間に横丁を通すことで四方京間六〇間の「井字型街区[19]」が造られた。これは、京都の町割りを基本としたものである。

銀座の街路は、表通りとしての「銀座通り」と、裏通りとしての「並木通り」の二本だけであった。その通りに直角で「横丁」（表と裏の通りをつなぐための道路）を造ることで、京間六〇間方の井字型街区が造られたのだ。現在は、東側と西側とも横丁に入ると、銀座通りと並木通りに平行して「裏通り」が通っている。現在は少なくなっている路地も含め、銀座の街全体を有機

（17）調査区域を区分する場合の方眼のこと。二メートル、一〇メートルがよく用いられる。
（18）和風建築の間取り方式の一つで、約一二〇メートルである。京間一間＝約一・九七メートル。
（19）市区町村内の区画の一つである。日常的には、街路に囲まれた一区画が正方型である

的な構造にしていることが分かる。

もう一つの特徴として、建物の間口が挙げられる。京間六〇間のすべてを使用している「松屋」などは除くが、京間六〇間の街区内に、間口の狭い専門店と、同じく間口の狭い連屋化した建物で構成されていることが分かる。これらの建物を見て歩くことも、江戸からの歴史を感じる瞬間である。ちなみに、江戸初期の武家地では、間口は京間一〇間を最小単位とし、禄高によって一五間、二〇間、三〇間と増やしていくことを基本として町割りがされていた。

銀座通りは、銀座一丁目から八丁目までの八〇〇メートルである。その銀座通りと、すべての横丁と裏通りに面した形で専門店が軒を並べている。このような銀座の街の姿に、街づくりのこだわりと四〇〇年という歴史の真髄を見る想いがする。

人生の楽しみである銀座の街づくり

一九六〇年代、戦後復興の象徴として「東京オリンピック」(一九六四年)が開催された。そのための開発で東京の景観は大きく変わっていった。その一つが首都高速道路の建設である。都内を流れていた京橋川・楓川・桜川などの川が埋め立てられ、都内の様相が大きく変貌した。

とくに、重要文化財となっている「日本橋」は高速道路の下になってしまい、先に述べたとおり、その痛ましい姿は正視することができない。作家の池波正太郎は、日本橋のこの姿を捉えて

「木っ端役人のすることは」と嘆いている。多くの人々が同じ気持ちであったことだろう。また、日本橋、銀座界隈が川の流れる街のままだったらヴェネチアに負けない街になっていたと言う人もいるが、本当に残念な思いがする。

どうやら日本人は、伝統ある建物・景観を維持して活かすという思考が浅いどころか、逆にそれらを壊す傾向にあるようだ。それでいて「日本文化」という言葉を連呼している。このような人たちの頭の中をのぞいてみたい衝動に駆られる。たぶん、歴史や日本文化に関する本を読んだという記録はないだろう。二〇二〇年に「東京オリンピック」を再び迎えるわけだが、東京がどのような都市に変貌するのか、期待よりも不安のほうが大きい。

銀座にも不安を覚えることがある。現在の「GINZA SIX」（旧松坂屋）のように、一つの街区に大手企業の店舗が収まってしまうという不安である。と同時に、一つの街区にドーンと大きなビルが建つのではないかという恐れもある。もしそうなれば、銀座の街路や建物の特長が削がれてしまうことになる。

銀座には「メトロ銀座線」をはじめとして多くの地下鉄が走っているだけでなく、ＪＲ有楽町駅からもすぐに行けるという立地条件となっている。さまざまな交通機関を利用して、特定の専門店に行くというより「銀座の街」に行くという想いで多くの人が訪れている。たぶん、それらの人びとは、銀座という街に遊びに行き、買い物や食事を楽しみたいのである。となると、「銀座の街」自体が大きな専門店と言える。そのことを、利用者側としても忘れずにいたい。
一町を構成する通りの長さが京間六〇間に設定され、その間に横丁があり、裏通りと路地が通りと横丁をつないでいる。このように有機的な構造になっている街のため、海外からも、そして日本国内からも、多くの人が「ブラブラ」するために訪れているのだろう。銀座で生活している人、銀座で商売する人たちが主体となった今後の街づくりに期待したい。そんな人たちが、銀座を活かす方法一番知っているはずだ。日常の銀座を体験している人に「余計な口を挟まない」ことを願っている。井上ひさしが『ボローニャ紀行』で次のように語っている。

日常の中に楽しみを、そして人生の目的を見つけること。ただし、日常の中に人生を見つけるには、みんなでそれを叶えてくれる街を作らねばならない。（前掲書、一一九ページ）

一つの街歩きは一冊の本に値する——生意気なようだが、私の格言としたい。

第７章　古都を歩く――奈良・京都へ

考えてみると、生まれてから現在まで六〇年以上にわたって埼玉県に住んでいる。そのせいだろうか、時折、別の土地に住んでみたくなる。また、友人と酒を酌み交わしながら旅について語り、話題になった地域に思いをめぐらせるのも楽しみの一つとなった。

勤めていた間は仕事に追われる毎日で、こんな願いは実現しそうにもないので口にすることはなかったが、「少なくとも、その土地の風習や文化に触れてみたい」とは思っていた。そして、せめて一か月ぐらい滞在できたら……とも願っていた。

その筆頭候補となる所が奈良と京都である。私を魅了してやまない場所であり、日本人として生まれてきてよかったと気付かせてくれる古都である。何と言っても、この二つの古都には、欧米文化と正面切って向き合うことができるだけの日本文化がある。そして、それらについて書かれた本がたくさん出版されている。そんな本を読みながら、古都に想いをめぐらせるのもまた旅の醍醐味となる。

本章で記すのは、二〇一六年五月、東海道新幹線で京都駅に向かい、近鉄京都線に乗り換えて奈良へ行き、その日に京都に戻って観光旅行をしたときのことである。奈良では文学的なことを中心に、そして京都では好きな街歩きを中心にして、「こぼれ話」などを含めて綴っていくことにする。

このように書くと古都めぐりの常連のように思われるかもしれないが、私の奈良と京都の旅ははじまったばかりである。本が誘《いざな》ってくれた古都の様子、初心者の目で表していきたい。

奈良を歩く

司馬遼太郎記念館

旅行をするときに持参する本として、司馬遼太郎（一九二三〜一九九六）の『街道をゆくシリーズ（全四三巻）』（朝日文庫）がある。目的地がこのシリーズに含まれている場合は、必ず鞄に入れて出掛けている。ガイド本としてではなく、その地の風土や匂いが感じられる文章に魅かれるので、旅には欠かせないものとなっている。

奈良に向かった目的の一つとして、「司馬遼太郎記念館」を訪れることもあった。行かれた方であればご存じのように、この記念館は大阪府東大阪市にある。しかし、東京方面から向かう場合は奈良を経由して行くほうが分かりやすい（少なくとも土地勘のない人には）。

京都駅から近鉄京都線の急行に乗って大和西大寺駅まで行き、近鉄奈良線に乗り換えて大阪方面に向かう。「河内小阪駅」で下車して、徒歩で「司馬遼太郎記念館」へと向かった。案内板を辿りながら住宅街を行くと、その一角に目的の場所があった。

入り口までのアプローチを進むと、クヌギやコナラの木立が陽射しを遮るようにして、書斎兼仕事部屋が右側に見える。大きなガラス窓の向こうには、司馬が愛用していた革の椅子が置かれている。まるで、つい先ほどまで執筆をしていたかのような様子である。この部屋で数々の名作が生まれたのかと思うと、とても感慨深い。

記念館は書斎のすぐ横に建っている。入館料の五〇〇円を支払って中に入る。地下一階から地上二階までが吹き抜けとなっている壁面に、資料や作品など二万冊余りの本がびっしりと収められている。まさに圧巻である。

館内を見て回っていると、学芸員の人から「奥の天井をぜひ見てください」と言われた。その場所を見上げると、何とそこには、坂本龍馬が覗いているかのようなシミがあった。記念館が開館したのは二〇〇一年一一月、その三年後の二〇〇四年、来館者がシミに気付いて話題となり、マスコミなどで大きく取り上げられたという。設計者である安藤忠雄をはじめとして、すべての関係者が大変驚かれたそうである。

司馬の代表作である『竜馬がゆく（全五巻）』（文藝春秋）は、テレビドラマだけでなく映画化もされているため、坂本龍馬（一五四ページ参照）という明治維新の立役者は多くの人たちに親しまれている。司馬だけでなく、ファンの龍馬に対する哀惜の情が、彼の魂をこの記念館に呼び寄せたのかもしれない。まだ行かれたことがないという人がいるなら、ぜひ「龍馬の魂」に会われることをおすすめしたい。

地下一階に行くとホールがある。パンフレットによると、キャパは一五〇席となっている。ここでは、司馬の作品に関する映画などが一〇分ほどのダイジェスト版として放映されている。私が観たのは、戦国時代を舞台にした作品であった。何十年ぶりかに観た映像、「懐かしい！」のひと言であったが、具体的な作品名を思い出すことができなかった（情けない）。

司馬の作品をこれまでに何冊読んだのだろうか――こんなことを思いながら「司馬遼太郎記念館」を後にして、奈良に戻ることにした。河内小阪駅からは四〇分ほどで近鉄奈良駅に着く。ま

記念館の横にある司馬遼太郎の書斎。〒577-0803　大阪府東大阪市小阪3-11-18　TEL: 06-6726-3860

ず向かったのは、観光客が一番に訪れるという春日大社や東大寺ではなく「志賀直哉旧居」である。

志賀直哉旧居

　思い返すと、夏目漱石（一八六七～一九一六）が書いた『吾輩は猫である（上下）』（岩波文庫）を読んだことが本格的な読書のはじまりであった。ご存じのように、漱石の門下には志賀直哉（一八八三～一九七一）と内田百閒（一八八九～一九七一）がいる。その志賀に師事したのが芥川龍之介（一八九二～一九二七）である。これら私の好きな作家たちは、どうやら漱石が起点となっているようだ。

　阿修羅像で有名な興福寺の近くにある「猿沢池」の亀に挨拶をし、一九〇九年に「関西の迎賓館」として開業し、二〇一九年に創業一一〇年を迎える「奈良ホテル」[1]を左に見ながら「志賀直哉住居跡」を目指した。奈良ホテルを眺めながら歩いていると、堀辰雄（一九〇四～一九五三）が書いた『大和路・信濃路』（新潮文庫）のことを思い出してしまった。一九四一年の秋、堀は

（1）〒630-8301　奈良県奈良市高畑町 1096　TEL: 0742-26-3300

「唐招提寺」「海竜王寺」「秋篠寺」「法隆寺」などをめぐりながら、小説の主題を見つけるためにこのホテルに滞在していた。そのときのことを書いたエッセーが表題の本である。奈良ホテルでの最初の朝について、堀は次のように述べている。

けさは八時までゆっくりと寝た。あけがた静かで、寝心地はまことにいい。やっと窓をあけて見ると、僕の部屋がすぐ荒池に面していることだけは分かったが、向こう側はまだぼおっと濃い靄につつまれているっきりで、もうちょっと僕にはお預けという形。なかなかもったいぶっていやあがる。（前掲書、九二〜九三ページ）

奈良ホテルには、かのオードリー・ヘップバーンが写真を撮ったという和風シャンデリアがあるほか、アインシュタイン博士が弾かれたピアノもあるという格式の高いホテルである。一度は泊まってみたいと思うが、まず無理、いや絶対に無理であろう。

奈良ホテルの南にある「福智院北」という交差点を左折して真っ直ぐ行くと「志賀直哉旧居」である。この道、歩道も含めて妙に広い。左側には奈良公園の森が広がっており、その森を抜けると、藤原氏の氏神を祀るために七六八年に創設された春日大社がある。そして、右へ少し入ると、十二神将で有名な新薬師寺がある。こんなロケーションにもかかわらず、車も人もほとんど通らない。

この道を森のほうに曲がると、和風建築二階建ての住居、「志賀直哉旧居」がある。周辺は静かな屋敷町のようだが、この地に志賀は、一九二五（大正一四）年から一三年間滞在した。

旧居を建てたのは一九二九（昭和四）年である。自ら設計に携わったというこの建物は、数寄屋造りを基調にした家屋となっている。二階は和室となっている書斎と居間だけだが、一階は大変広く、居間、客間、書斎といった和室の六部屋と、オシャレな洋風づくりのサン・ルームと食堂がある。昭和初期に、和洋折衷の家屋を建てていたことには驚いた。

この旧居は地名にちなんで「高畑サロン」と呼ばれるようになったが、そのシンボルとなった部屋がこのサン・ルームである。東京に移り住むまで、武者小路実篤、尾崎一雄、小林秀雄などといった文化人がこの家に出入りすることになった。当時の奈良は、大阪と同様、知識人にとっては寂しい土

志賀直哉旧居。〒630-8301　奈良市高畑大道町
TEL: 0742-26-6490　登録有形文化財

地だったようだ。それについて司馬遼太郎は、『街道をゆく24　近江散歩、奈良散歩』（朝日文庫）で次のように書いている。

こういう面でいえば、志賀直哉の奈良移住は大きかった。年譜をみると、大正一四年（一九二五）四十三歳のときに移住し、昭和十三年（一九三八）五十六歳で東京へひきあげている。この間、奈良の志賀家に来遊したひとの数はかぞえきれない。（前掲書、二〇八ページ）

この住居で志賀は、尾道時代から手がけてきた大作『暗夜行路』（新潮文庫）の後編を書き上げている。前編が執筆された尾道の「志賀直哉旧居」を翌年の二〇一七年一〇月に訪れているので、私自身における「志賀直哉＝暗夜行路めぐり」は完結したことになる。

話が脱線するが、『暗夜行路』に書かれている京都の情景描写が好きなので紹介しておきたい。

二月、三月、四月、――四月に入ると花が咲くように京都の町々全体が咲き賑わった。祇園の夜桜、嵯峨の桜、その次に御室の八重桜が咲いた。そして、やがて都踊、島原の道中、（中略）祇園に繋ぎ団子の赤い提灯が見られなくなると、京都も、もう五月である。東山の新緑が花よりも美しく、赤味の差した楠の若葉がもくりもくり八坂の塔や清水の塔の後ろに浮き上がって眺められる頃になると、流石に京都の町々も遊び疲れた後の落ちつきを見せて来る。（新潮文庫、一九九〇年、三五五〜三五六ページ）

志賀の交友関係の広さを伝える場所が奈良公園内に存在していると聞いていたので向かうことにした。

春日大社の社殿を背にして参道を興福寺に向かって歩いていく。かつて、このあたりは興福寺の境内であったようだ。興福寺の境内は、明治元年の「廃仏毀釈」の標的にされて、堂塔伽藍のあらかたが破棄されるまでは東大寺より広く、現在の春日大社参道沿いにある浅茅ヶ原《あさじがはら》や飛火野《とびひの》、そして奈良ホテルも境内であったという。司馬はその広大さを、次のように述べている。

私どもが、奈良公園とか奈良のまちといっている広大な空間は、あらかた興福寺境内だったといっていい。たとえば、私はこの期間、奈良ホテルにとまった。明治四十二年創立のこの古いホテルは、興福寺のなかの代表的な塔頭だった大乗院の庭園のなかに建っているのである。（前掲書、二一〇ページ）

「一の鳥居」の近く、飛火野の手前右に広がる木立の中に、庵のような数奇屋風の建物がいくつか建っている。そこが目的の「江戸三《えどさん》」で、一九〇七（明治四〇）年創業の全室離れとなっている料理旅館である。夕食には、全国から旬の材料を取り寄せてつくられる会席料理が並べられる。

奈良にあって、屋号に「江戸」が付くのは妙である。その由来をホームページ調べたところ、江戸時代（文化・文政）、奈良天理にいたこちらの祖先が大阪で商売をはじめるために上方にのぼり、「ざこば」と言われる魚市場でいろいろな商売をしたそうである。その場所が、大阪市西区にある「江戸堀三丁目」だったことから、「江戸三」という屋号になったようだ。この「江戸三」に、志賀を慕う小林秀雄や尾崎一雄をはじめとして、多くの文化人たちが「高畑サロン」を訪れたときに長期滞在していたようだ。

ここで鍋料理を味わいたかったが、建物を眺めるだけで「江戸三」を後にした。その理由は……言うまでもないだろう。しかし、巨匠のゆかりの地を訪ねることができた喜

多くの文化人が滞在した奈良公園内の「江戸三」
〒630-8301　奈良市高畑町 1167　TEL: 0742-26-2662

びでお腹のほうも満足していた。

ちなみに、私の好きな映画監督小津安二郎は志賀作品の愛読者であった。また、交流もあったようで、『暗夜行路』をモチーフにした映画『風の中の牝鶏《めんどり》』（一九四八年）を製作している。尾道、奈良とめぐったあとに、この映画を観るというのもいいかもしれない。

奈良公園の界隈

奈良公園の正式名称は「奈良県立都市公園　奈良公園」というらしいが、通常、興福寺、東大寺、春日大社などを含めたエリアを「奈良公園」と呼んでいる。

京都は応仁の乱（一四六七年〜一四七七年）の結果、平安時代に造られたほとんどの建物が焼けてしまった。京都にいた多くの公家などが奈良に避難してきたわけだが、幸い奈良は大きな戦乱から免れ、飛鳥や平安時代の寺院をそのまま残すことができた。

平城遷都から一三〇〇年という奈良、奈良公園にもその歴史を彩る建造物が存在している。代表的なものが、先にも紹介している興福寺（七一〇年）と東大寺（七二八年）、そして春日大社（七六八年）である。そんな奈良公園を歩いてみた。

奈良公園といえば鹿、これについてはほとんどの人がご存じであろう。「鹿せんべい」をねだりに、人懐こくおじぎをしながら近寄ってくる。私の目の前で、「鹿せんべい」を持った欧米の女性たちが「キャア、キャア」と言いながら鹿に追いかけられていた。「鹿せんべい」を持っている人にはしつこく付きまとうので、ご用心。

世界的にも有名になった奈良公園の鹿だが、前述した飛火野《とびひの》で行われている「鹿寄せ」に関してはあまり知られていない。このように書くと、「お前は知っていたのか？」と言われそうだが、お察しのとおり私も知らなかった。このときの奈良旅行を肴にお酒を飲んでいたとき、実際に「鹿寄せ」を見た知り合いに教えてもらった。自慢げに奈良のことを話していただけに足元をすくわれた感じがして、悔しさのあまり、家に帰ってすぐに調べてみた。

一八九二（明治二五）年、公園内にある「鹿苑」の落成式にラッパで鹿を呼び寄せたのがはじまりだという。現在は、「奈良の鹿愛護会」（TEL: 0742–22–2388）の職員がホルンを吹いて鹿を呼び寄せている。ホルンの音色に誘われて鹿が森の中からやって来る様子は、ちょっと感動ものだそうだ。職員が与える餌のドングリを目当てにやって来る鹿、その数が何と言っても凄いらしい！

「必見となるイベント」と知り合いが言っていたので、今度奈良に行くときはぜひ見てみたいと思っている。ただ、現在は予約制ということなので、どこかのツアーに紛れ込む必要があるかもしれない。ちなみに、職員が吹いている曲はベートーベンの『田園』だという。その理由も、ぜひ尋ねてみたい。

さて、この鹿を主人公（？）にした小説がある。万城目学の『鹿男あをによし』（幻冬舎文庫）

である。玉木宏主演でテレビドラマ（二〇〇八年）にもなっているのでご存じの方も多いだろう。鹿について書かれているところを引用しておこう。

県庁に向かいにある原っぱに向かうと、夕闇が広がる空の下で鹿がごろごろ寝転んでいた。はじめは近づくおれに警戒を示すが、鹿せんべいの姿を認めるとむくりと起き上がり、お辞儀をしながらゆっくり近づいてきた。（中略）鹿島神宮にも柵に囲まれた場所に大勢鹿がいるが、こんなことをする鹿は見たことがない。ところがここでは、小さな鹿ですら、鹿せんべいを持った人間にお辞儀をして近づいてくる。（前掲書、六八ページ）

読者のみなさんが奈良公園に行かれたときは、どのような表現でここの鹿を紹介することになるのだろうか。ちょっと興味をもってしまう。

興福寺

興福寺の起源は、六六九年、藤原氏の氏寺として山背国（現京都市山科区）に創建された「山階寺《やましなでら》」である。その後、六七二年の「壬申の乱」後に都が飛鳥に戻ったときに移建され、その地名を取って厩坂寺《うまやさかでら》とされたあと、七一〇年の平城遷都とともに藤原不比等（六五九〜七二〇）の計画によって現在の場所に移されて「興福寺」となった。

法相宗の大本山である興福寺の歴史は「復興の歴史」であった。火災だけでも一〇〇回以上あったと伝えられている。復興の背景には、興福寺が奈良における重要な信仰の場、祈りの場であり続けたことがある。

しかし、明治草創期の「廃仏毀釈」という仏教排斥運動が高まった際、興福寺の僧たちは春日大社の神職にさせられ、廃寺同然となったそうである。「明治政府、なにを血迷っているのだ！」と、声を大にして言いたい気分である。その後、明治政府も廃仏毀釈を引っ込め、「古社寺保存金制度」を実施して、一八八九（明治二二）年、興福寺を含む広大な県立奈良公園が設立された。

興福寺には門がない。近鉄奈良駅から奈良公園に向かって歩いていくと、気付かないうちに興福寺の境内に入っている。五重塔や東金堂などの伽藍がポツンポツンと建っているという印象だ。不思議に思っている人も多いと思われるが、こういう歴史的な背景があったからである。

私が奈良に行ったときは、「中金堂」が復建中であった。一七一七年の火災のあと仮再建されていたが、二〇〇〇年に解体され、平城遷都一三〇〇年記念の二〇一〇（平成二二）年に立柱式を終え、二〇一八年一〇月に落慶法要の予定となっている。三〇〇年ぶりに「中金堂」が甦ることになる。

興福寺の伽藍のなかで象徴的な存在となっているのが五重塔である。海外からの観光客も含めて、この前で記念撮影をするという光景が常に見られる。五重塔は七三〇年（天平時代）に建てられ、高さが五〇・一メートルと、奈良公園の周辺ではもっとも高い建造物となっている。個人的には、猿沢の池から眺める姿が美しいと思っている。

この五重塔も、戦乱と落雷で五回失われている。そのたびに再建され、現在の塔は室町時代の一四二六年ころに再建されたものだという。ちなみに、明治の廃仏毀釈の時期には、わずか二五円で売りに出されそうになったというエピソードがある。本当に恐ろしい日本の役人の見識である！　現在、霞ヶ関で噴出している数々の騒動、その伝統なのだろうか、と思ってしまう。

東大寺

東大寺に向かう。土産物店が建ち並ぶ参道を行くと、正面に巨大な南大門が見えてくる。七六〇年前後に創建されたようだが、大風で倒壊、兵火などで焼失したりして、現在の南大門は一一九九年に再建されたものである。名前のとおり、巨大な木造建築である。

興福寺の五重塔

門の左右に向き合っている像が、高さ八メートルという木彫像、「金剛力士立像　阿形と吽形」である。一般的には並んでいるものだが、東大寺のこの像は向き合っている。このような例はほかにない。

東大寺といえば「大仏さま」というイメージの人が多いだろう。奈良時代、聖武天皇（七〇一〜七五六）の命により、七五二年に創建された巨大なる「盧《る》舎《しゃ》那《な》仏《ぶつ》」である。「盧舎那仏」という名について、東大寺のホームページから引用しておこう。

盧舎那仏の名は、宇宙の真理を体得された釈迦如来の別名で、世界を照らす仏・ひかり輝く仏の意味。左手で宇宙の智慧を、右手に慈悲をあらわしながら、人々が思いやりの心でつながり、絆を深めることを願っておられる。

外国人観光客の増加で参拝・見学者が年間300万人を超えるという東大寺の大仏殿（金堂）

このようなことは華厳経の教えに詳しく説かれているようだが、それを真剣に読むだけの信心深さが私にはない。そこで、かつて読んだ『日本人はどのように建造物をつくってきたか——奈良の大仏（新装版）』（香取忠彦、イラスト穂積和夫、草思社）を参照して盧舎那仏の説明をすることにする。

盧舎那仏は、身の丈約一六メートルの銅像で、銅を鋳型で固める鋳造という技法で造られている。大きくて重く、運ぶことができないので、現在安置されている場所で制作されたようだ。九年の歳月をかけて造られたが、大仏と大仏殿の建立に携わった延べ人数は二六〇万三六三八人と記録されており、当時の国民、約二人に一人が工事に参加したと示されている。

言うまでもなく、多くの資材が使われている。『延暦僧録』という文書から計算すると、大仏の体は二五〇・五トン、銅の蓮華座は一二九・二トン、合わせて三七九・四トンにもなる世界でも稀な大鋳銅像である。実際眼にすると、本当に「デッカイ」としか言いようがない、迫力のある大きさであった。

ところで、日本の「三大大仏」をご存じだろうか。ほとんどの人がその二つは即答できると思うが、あと一つがなかなか出てこないのではないだろうか。「奈良の大仏」と「鎌倉の大仏」、そしてもう一つは、東京都板橋区赤塚にある「東京大仏」である。東京大仏は、浄土宗の寺院乗蓮寺《じょうれんじ》(2)にある。

もちろん、私も知らなかったのだが、奈良の大仏を説明していた添乗員の話を盗み聞きして知った。知ったかぶりをして、この三大大仏のことを何人かの友人に質問したが、知っている人は誰もいなかった。板橋区役所の観光課のみなさん、中山道の板橋宿だけでなく「東京大仏」をもっと宣伝しよう！

二月堂

東大寺の境内で一番好きなところが「二月堂」である。「お水取り」の名で親しまれている修二会の舞台となっているお堂である。大仏殿と同じく国宝となっている。

大仏殿の東、急で幅広い石段を上っていくことも魅力的であるが、東大寺の東エリアでもっとも高い場所に建つ舞台造りのこのお堂が私は好きである。日本武尊《やまとたけるのみこと》が奈良の若草山や春日山、そして生駒山の美しさを詠んだ歌があるので紹介しよう。

倭は　国のまほろば　たたなづく　青垣　山隠れる　倭しうるはし

『日本文学全集一　古事記』（池澤夏樹訳、河出書房新社、二〇一四年、二一六ページ）

この歌ではないが、二月堂から大仏殿の屋根を眼下に置き、奈良市街を一望する眺めは素晴らしい！　そんな景観を目の当たりにして、「奈良の空は広いなー」というのが実感であった。私が訪れたのは日中であったが、夕闇が迫るころや夜景の美しさも格別と言われている。二四時間参拝ができる二月堂、今度は夕方に訪れたい。

二月堂には、もう一つ魅力的なところがある。出口となる木の長い階段を下りていくと、二月堂裏道の「左大佛殿道」がある。大仏殿の裏に出る短い道であるが、石畳の階段と土塀造りの塀が連なるこの道は、いかにも日本らしい情景を感じさせてくれるところである。

先に述べたように、私にとって奈良の旅はまだ「途中」である。それだけ、魅了してやまないところである。事実、世界中から多くの観光客が訪れているわけだが、その割には宿泊する人が少ないという。朝から夕方にかけて奈良観光をして、夜は京都のホテルという人が多いようだ。市内にある宿泊施設数と

(2)　〒175-0092　東京都板橋区赤塚5-28-3

二月堂から見た奈良市街、空が広い！

いう問題もあるのだろう。

しかし、奈良公園の界隈を見て回るだけでも、とても一日では無理である。ぜひ、奈良に泊まって、ゆっくりとめぐっていただきたい。このように思っている私、このときは夕方に奈良を発って、京都に向かっている。

京都を歩く

毎年、京都には外国人をはじめとして多くの観光客が訪れている。京都府が発表している数字を見てみると、二〇一六（平成二八）年度の観光入込客数は約五五二二万人（外国人は約三一八万人）、観光消費額は何と約一兆八六二億円となっている。日本人の二人に一人が、毎年京都に行っている計算になる。

比べても意味のない数字だが、出版業界の年間売上金額が約一兆七〇〇〇億円（平成二八年度）であることを思うと、京都の観光消費額の凄さに驚いてしまう。ちなみに、前述した奈良市の観光入込数は、同年度で約一五五四万人（外国人は約一五七万人）、観光消費額は約一〇一三億円（奈良市観光経済課発表）となっていた。

これほどまでの人気を誇る京都、この古都をバックアップしているのがJR東海のPR「そうだ京都、行こう」だろう。これに乗じるように、テレビ各局では「京都特集」が一年中放映されているほか、「まだ出るか」というほどの出版物が毎年たくさん刊行されている。このような状況のなかで、私ごときが京都について書くことは「ほとんどない」と言ってもよい。

では、なぜここで書くのかというと、私の京都旅行は観光名所めぐりではなく、街歩きを主目的としているからだ。二〇一六年五月、奈良を後にした私は、市バスと徒歩だけで京都の街の魅力を探る旅をした。

京都駅ビル

巨大な化け物、というのが私の京都駅に対する印象である。駅ビル四階の空間から屋上（一二階にあたる）までの急勾配なレンガ造りの階段とエスカレーターは、いったいどういう意図で造られたのだろうかと不思議に思ってしまう。階段の所々で、お弁当を広げて座り込んでいる年配の方や外国人旅行者が目立った。しかし、風が強く吹きつけるためか、長居する人はあまりいなかった。

屋上の南側と北側から京都の街が一望できたのだが、その光景から一二〇〇年という古都の歴史を感じることはできなかった。山々が街を囲んでいるのだが、ビルが建ち並ぶ姿は地方都市に行けばよく見られる光景でもある。東寺の五重塔だけが唯一「京都らしい」と感じたが、なぜか淋しい気持ちになってしまった。

とはいえ、幻滅したのは京都駅だけで、街はやはり魅力的である。東京と比較して、京都のことを少し考えてみた。京都の名所となっている神社仏閣の多くは、応仁の乱をはじめとする戦火と火災で焼失し、再建された建造物である。それでも五五〇年ほどが経っている。京都にとって幸運だったのは、太平洋戦争時に空襲がなかったことである。焦土化しなかったことで、貴重な文化財の多くが無傷のまま終戦を迎えることができた。

一方、焦土化した東京は、今日でも「再開発」の掛け声のもと街を壊し続けており、日本的な魅力が少なくなっているような感じがする。第6章で紹介したように、一部には江戸らしさが残っているのだが、全体として歴史を感じることができなくなっている。こちらのほうも、やはり淋しい感じがする。

京都の街をめぐる

「京の底冷え」は有名である。盆地である京都は、冬はとても寒く、夏はとてつもなく暑い。冬寒く、夏暑いのは、私が住んでいる熊谷と同じなので、妙にうれしい気持ちになる。

こちらもよく知られているように、京都の街は「碁盤の目」になっているので、東西南北に走っている「通り」を把握すれば、私のように京都に疎い人間でもそれほど迷わずに街を歩けるし、十分に楽しむことができる。

南北に走っている主要な通りは、東側から東大路通、川端通、河原町通、烏丸通、堀川通、千本通、西大路通となっている。とくに、地下鉄が走っている烏丸通をしっかりと頭に入れておきたいところだが、平安時代のメインストリート、つまり朱雀大路は現在の千本通であることも知っておきたいところだ。

東西を走る通りは、一条通から十条通まである。ＪＲ京都駅に八条通が走り、北方面は七条通からはじまり、南方面は九条通、十条通となっている。京都一の繁華街を走る三条通と四条通、そして御池通と丸太町通を押さえておけばまず安心である。

ところで、次のわらべ歌をご存じだろうか。

まるたけえびすに　おし　おいけ　あねさんろっかく　たこ　にしき　しあやぶったか　まつまんごじょう　せきだ　ちゃらちゃら　うおのたな　ろくじょう　しち（ひっ）ちょうとおりすぎ　はちじょう（はっちょう）こえれば　とうじみち　くじょうおおじでとどめさす

これは「東西の通り名の唄」と言われるもので、「丸太町通」から「九条通」までの小路を含

表　東西の通り名

まる	丸太町通	たけ	竹屋町通	えびす	夷川通
に	二条通	おし	押小路通	おいけ	御池通
あね	姉小路通	さん	三条通	ろっかく	六角通
たこ	蛸薬師通	にしき	錦小路通	し	四条通
あや	綾小路通	ぶっ	仏光寺通	たか	高辻通
まつ	松原通	まん	万寿寺通	ごじょう	五条通
せきだ	雪駄屋町通	ちゃらちゃら	鍵屋町通	うおのたな	魚の棚通
ろくじょう	六条通	しちじょう	七条通	はち	八条通
くじょう	九条通				

む通りを歌ったものである（表を参照）。かつて、京都に住む子どもたちはこの歌で通り名を覚えて、迷子にならないようにしたという。

街が碁盤の目になっているから、各交差点も街歩きには重要となる。この「交差点名」の意味を理解していると便利である。烏丸通と四条通が交差する所は「四条烏丸」となる。東西の通り名が先に来るのかと思って尋ねたところ、どうも決まりはないようだ。たとえば、烏丸通と五条通の交差点は「烏丸五条」となっていたりする。

京都の町は、北から南に向かってなだらかな下り坂になっている。北へ行くことを「上《あが》ル」と言い、南へ行くことを「下《さが》ル」と言う。そして、京都で目的地を尋ねる場合は、東京のように番地を告げるのではなく、通り名で尋ねるのが一般的となっている。また、万が一道に迷ったときは、山を目印にすればよい。山、つまり東山の方向が東であることさえ覚えておけば、迷うことなく街歩きができる。

京都市内を一周

京都市内はバスが縦横無尽に走っており、市民だけでなく多くの観光客もバスを利用している。京都の街全体を把握したくて、バスで市内を一周しつつ、途中下車をしながら街歩きを試みることにした。

京都駅前で「バス一日券」を六〇〇円で購入し、京都市バス206号系統のバスが到着するまで一冊の本を読んでいた。鷲田清一が著した『京都の平熱——哲学者の都市案内』（講談社学術文庫）である。

鷲田は京都生まれの京都育ちで、京都大学を卒業後、関西大学などで大学教授を務めた哲学者である。この本は、京都市バス206号系統のバス路線を一周し、その路線沿いの街を紹介したという京都案内である。

講談社学術文庫、2013年

この路線は、京都駅から塩小路通を東に進んでから七条通に出る。三十三間堂を左に見て、智積院《ちしゃくいん》の所を左折して東大路通を上っていく。祇園、八坂神社、京都大学前を通り、さらに上ると左手に下鴨神社を見たあと北大路通に出て西に進む。大谷大学、大徳寺を過ぎて千本通（かつての朱雀大路）に入り、西陣、二条へと下がっていく。四条からは大宮通に路を変えて、西本願寺の先を左折して京都駅に戻るという行程である。

鷲田は、このバス路線沿いに人生のすべてがあったと言っている。

（前略）京都の花街や、旧遊郭、ラブホテル街も、大きいところはみなこの路線沿いにある。（中略）八坂神社、岡崎、賀茂川、平野神社の桜、北野天満宮の梅と、花見の場所にもことかかない。そして大学。東まわりに京女、華頂、芸大音楽部、京大、工繊、ノートルダム、府立大、大谷、佛大、龍谷といったぐあい。同志社、立命館も路線から二駅ばかり。学問所はほとんどここに集中している。（前掲書、四ページ）

この路線を中心にして、私が関心をもった所を加えての街歩きを行った。

方広寺

京都駅を発車したバスは、約五分で「三十三間堂前」を告げるアナウンスがあった。早速、降りることにした。京都国立博物館に向かって左側道路を真っ直ぐ五分ほど歩く。耳塚公園前にあるのが豊国神社《ほうこくじんじゃ》(3)である。ご存じのとおり豊臣秀吉（一五三七〜一五九八）を祀った神社であるが、参拝者が三人とちょっと淋しい状況であった。

その豊国神社に向かって左手に入ると、小さな境内だが歴史を感じさせてくれる方広寺《ほうこうじ》が佇んでいる。この方広寺の大鐘を見るために来たのだ。

方広寺には二つの逸話がある。一つは、この方広寺に、奈良の大仏を上回る規模の大仏があったということである。一五八六年に秀吉によって創建された大仏殿方広寺には巨大な大仏があったが、大地震により破壊されてしまった。その後も何度か再建をしたが、大火で焼け落ち、消失してしまったということである。

もう一つの逸話が大鐘に関することであるが、この逸話が凄い。豊臣家を滅亡に追いやった大鐘だったのだ。豊臣家は、関ヶ原の戦いから一四年後の一六一四年八月、方広寺に大鐘を鋳造した。この鐘に彫られた銘文に徳川家がいちゃもんをつけたのである。

方広寺の大鐘。白いところが銘文
〒605-0931　京都市東山区正面通大和大路東入茶屋町 527-4

(3) 〒605-0931　京都市東山区大和大路通正面茶屋町 530

鐘に彫られた銘文というのは以下のとおりである。

國家安康

君臣豊楽

「國家安康」は「家康」という名前を故意に分断しており、「君臣豊楽」は豊臣一族の繁栄のみを願っている、というのが徳川家の解釈である。徳川家の完全ないちゃもんであるが、豊臣家を滅亡させる執念は、凄いというよりも怖ろしいまでである。ちなみに、彫られた「國家安康」と「君臣豊楽」は、前ページの写真のように現存する大鐘で確認することができる。

一六一四年一〇月に「大坂冬の陣」、翌年の四月には「大坂夏の陣」が起こり、豊臣家は滅亡したわけだが、ひょっとしたら秀吉は呪われていたのかもしれない。というのも、豊国神社の前にある耳塚は、秀吉が朝鮮出兵のときに現地の人々を殺害して、耳や鼻を切り取って日本に送って「塚」にしたところである。その数は一〇万以上と言われている。その祟りが大鐘にあったと考えるのは、私だけだろうか。

京都大学から下鴨神社へ

方広寺を後にして再びバスに乗る。八坂神社を過ぎてしばらく上ると「京大正門前」に着いた。本能的に、ここで降りてしまった。

京都には、京都大学、同志社大学、立命館大学、そして龍谷大学をはじめとして多くの大学があり、「学術都市」とも言われ、産業都市京都を支える根幹ともなっている。京都大学から東奥にあるのが銀閣寺。その銀閣寺からつながる一・五キロの「哲学の道」と呼ばれる道がある。この名前の由来は、「京都学派」として君臨していた西田幾太郎（一八七〇～一九四五）、田辺元《はじめ》（一八八五～一九六二）、田中美知太郎（一九〇二～一九八五）などが散歩コースにしていたことによる。

学術都市の象徴的な大学が京都大学となるわけだが、どうやらその実態は予想外のものであったようだ。鷲田は京大生時代の思い出として、次のように述べている。

そんな修業時代にあって、何人かの知人から伝説として仄かに耳に届いた言葉があった。桑原武夫先生の「おもろい」という一言だ。「頭がいい」でも「できる」でもなく、「おもろい」。これが桑原先生の最上級の褒め言葉だったというのだ。真偽のほどは知らない。けれども、この一言で、京都の学風に憧れた高校時代のじぶんの直感がまちがいでなかったと思った。

（中略）

とんでもないことを言いだすやつを放逐したり、飼い慣らしたりするのではなく、野放しのままにしてくれる場所、それがここにあるとおもった。（前掲書、一三〇～一三一ページ）

さらに、次のようにも述べている。

そしてその京大は「教育に不熱心」で有名な大学である。京大の思い出として述べたあの「おもろいの一言」が示すように、京大は教育も手取り足取りではなく、無理もせず、とことん大らかにやっているのだろう。（前掲書、一五八ページ）

京都大学の正門

こんな自由な校風の京都大学を舞台にした面白い小説がある。またも万城目学（京大出身）の作品となるが、『鴨川ホルモー』（角川文庫）である。鷲田が述べる京都大学の実態を考えると、何となく頷ける作品である。

京都一〇〇〇年に伝わるという、「ホルモー」なる謎の競技サークルの物語である。「ホルモー」という競技は、京都大学の「京大青竜会」をはじめとして、京都にある大学（立命館大学、京都産業大学、龍谷大学）の同サークルが、式神さん（小さなオニ）を戦わせるという競技である。映画化（本木克英監督、二〇〇九年）もされているのでご覧になった方もいることだろう。学生同士は決してオニに触ってはいけないというのがルールで、一人一〇〇匹の式神さんを操るポーズを取って、式神さん同士を戦わせるのだ。この式神を操るポーズが面白いので見ものである。

このサークル活動の主旨は、京都の至る所に潜んでいる多くの神々を、若者の酔狂で慰める神事だということらしい。この戦いの臨むにあたって、各大学とも神社で儀式を行うのであるが、「京大青竜会」の儀式は大学に隣接している吉田神社で行われる。映画でも、このシーンを撮るのにここをロケ地にしたようだが、よく吉田神社が許したものだと感心してしまう。なぜ感心したのか、その理由はのちほど。

この物語の面白いところは、京都のことがほぼ分かるように物語が展開していることである。

吉田神社もその一つであるが、行事、神社、街、通り、川、喫茶店、そして居酒屋など、京都の主だった所が次から次へと現れるのだ。

『鴨川ホルモー』の影響もあって、「自由な校風」と言われている京都大学と吉田神社を訪れたくなり、「京大正門前」で降りてしまった。

京大は想像以上に自由な校風なのだろう。正門から百万遍交差点までの塀に、体育会系クラブとサークル活動が新入生を勧誘するユニークな看板がたくさん続いている。この看板の写真を撮らなかったことが悔やまれてならない。

本書の原稿がほぼ終わりに近づいたとき、雑誌〈週刊金曜日〉(二〇一八年五月一八日号)にこの看板に関する記事が掲載された。それによると、京都大学の本部キャンパス周辺の立て看板(タテカン)を規制するという規定が五月から施行されたという。その後も大小のタテカンが並んで学生が抗議の意思表示をしたようだが、一三日朝、約四〇枚が一斉撤去された、と記事は伝えていた。

「タテカンは京大の文化。それが断ち切られるは悲しい。世論の力を借りて続けたい」と学生が提起したほか、市民の間でもタテカン文化を「守る会」が立ち上げるという動きが出てきており、「この問題は尾を引きそうだ」とも記されている。

個人的には、このようなユニークな大学は類を見ないので、タテカンを規制する規定を解除してもらいたところだが、さてどうなることか。写真を撮り忘れた人間がいることを、忘れないでいただきたい。

京大のある百万遍周辺は、自転車が走りすぎてゆくという光景が多々見られる。下宿している京大生が自転車通学をしているのだろうが、軽やかに自転車に乗っている姿は若さいっぱいである。正門を入った所にある広場に、元気そうな学生が群れをなして集まっていた。面白そうだったので、警備員（五人もいた）にキャンパスの見学をお願いしたら、断られてしまった。仕方がないので、京大正門から吉田神社へ向かうことにした。

吉田神社を紹介している万城目の描写が好きなので、それを引用しておこう。

室町の世に吉田神道が誕生した地として知られ、現在も盛大な節分祭で知られる吉田神社。その吉田神社の鳥居は大学の正門を出て左手、東一条通をまっすぐ百メートルほど進んだところにある。（中略）

吉田神社の鳥居はまるで魔界への入口のように、闇夜にぽっかり大口を開けて、我々を待ち構えていた。その背後には吉田山が巨大な生きもののようにうずまくっていた。（『鴨川ホルモー』一〇〇〜一〇一ページ）

京大青龍会の式神さん（オニ）にとって、吉田神社は氏神となる。参道を歩き、階段を上ると吉田神社の神殿に着く。『鴨川ホルモー』では、ここで儀式を行い、全員が裸になって踊った所である。思わず映画のシーンを思い出してしまった。この撮影を吉田神社が許したとは……映画を観れば、こんな私の疑問に納得をするはずだ。

吉田神社が建つ吉田山は公園になっている所もある。山道とともに、緑に色づいた樹木がきれいだったので少し歩いてみることにした。四十代ぐらいのランナーと会い、挨拶を交わしてすれちがう。同じランナーだけに、アップダウンのある山道はキツイだろうな、と思ってしまう。

看板が立ててあったので見てみた。かつては、地域に暮らす人々の生活を支える里山として、薪や柴といった資源が利用されてきたようだ。しかし現在、それらをほとんど使うことがなくなったために手入れが行われなくなり、里山としての機能がなくなってしまったとのことである。看板には、里山として再

京都大学のすぐ近くにある吉田神社

生するための活動をして、生態的、文化的な価値を次の世代に引き継いでいきたいと書かれていた。こんな吉田山、散歩コースとしては最高のところである。

東大路通に戻ったが、バスには乗らず、下鴨神社に寄り道をすることにした。百万遍の交差点から今出川通を西へ歩き、賀茂大橋を渡って下鴨神社《しもがもじんじゃ》に行く。賀茂大橋から下鴨神社を見ると、左を流れる賀茂川、右を流れる高野川に挟まれた三角地帯の奥に位置していることが分かる。ちなみに、ここで二つの川は合流して「鴨川」となる。

下鴨神社の参道は一〇分ほどの距離であるが、ケヤキやエノキが生い茂った濃い新緑の参道はとても気持ちがよく、もう少し長くしてほしいという気分になった。

下川神社といえば「葵祭」である。『鴨川ホルモー』の物語はこの葵祭からはじまっており、次のように書かれている。

京都三大祭りのうちの一つの葵祭。古くは賀茂祭とも呼ばれ、上賀茂、下鴨量神社の例祭のことを指す。

平安の昔、「祭り」とは葵祭のことを言ったそうだ。例年五月十五日、葵祭〝路頭の儀〟と称する行事が執り行われる。京都御所建礼門前から下鴨神社を経て、上賀茂神社まで道筋

——を、華やかな平安衣装を纏った総勢五百名余が、およそ一キロの長きにわたって行列を作り、都大路をぞろぞろ練り歩くのだ。（前掲書、八ページ）

境内の森には四つの小川が流れている。その一つである御手洗川《みたらしがわ》は、湧水のある御手洗池を水源としている。その御手洗池に湧き出している水の泡をかたどってつくられたのが「みたらし団子」であると伝わっている。下鴨神社が発祥の地で、発祥の店が「加茂みたらし茶屋」(4)である。京都に来たら、一度は寄っていただきたいところである。

相国寺《しょうこくじ》から京都御苑へ

夕方が近くなってきた。市バス206系統には戻らず、今出川通をさらに西へ歩き、相国寺に向かうことにした。下鴨神社からは一〇分もかからない距離である。左手に京都御苑が見えてきた。少し行くと、右に同志社女子大学がある。その西側の角を曲がると相国寺だ。道の左側は同志社大学で、どちらの同志社も明治時代を象徴するレンガ造りの建物であった。

臨済宗相国寺派の総本山である相国寺は、京都五山(5)第二位に列せられる由緒ある寺だ。室町幕府三代将軍足利義満（一三五八～一四〇八）によって一四世紀末に創建されたこの寺の境内は約四万坪と、とにかく広い。

　ところで、京都の人気名所と言えば、「金閣寺」と「銀閣寺」をまず挙げることができる。足利義満の住まいとして創建された金閣寺も、相国寺とほぼ同じ時期に建てられている。一方、銀閣寺は、一四九〇年、室町幕府八代将軍である足利義政（一四三六〜一四九〇）の隠居所として創建されたものだ。ともに、足利歴代将軍が創建した禅宗寺院であるが、この二つが相国寺の塔頭《たっちゅう》寺院(6)であることはあまり知られていない。現在、相国寺の山外塔頭として、相国寺の僧侶が任期制をもって金閣寺、銀閣寺の運営と後世への継承にあたっている。

　社会派推理の大作『飢餓海峡』（新潮文庫）を書いた水《みず》

正式名所は賀茂御祖神社《かもみおやじんじゃ》という下鴨神社
〒606-0807　京都市左京区下鴨泉川町59

(4)　〒606-0816　京都市左京区下鴨松ノ木町53　TEL: 075-791-1652
(5)　臨済宗の五大寺。南禅寺を別格とし、その下に天竜寺・相国寺・建仁寺・東福寺・万寿寺が位置する。
(6)　禅宗寺院で、祖師や門徒高僧の死後その弟子が師の徳を慕い、大寺名刹に寄り添って建てた塔や庵などの小院のこと。

上勉《かみつとむ》（一九一九～二〇〇四）のことはご存じであろう。実は、水上は九歳のとき、この相国寺の山内塔頭である「瑞春院」で得度し、一三歳まで禅の修行をしつつ過ごしていた。そして、ある日突然寺を出奔し、文筆活動に精進したという経歴をもっている。

一九六一（昭和三六）年に著した小説『雁《がん》の寺』（新潮文庫）はベストセラーとなり、この作品で直木賞を受賞しているのだが、この小説は瑞春院時代の襖絵を回顧し、モデルとしたものである。それゆえ、瑞春院は別名「雁の寺」とも呼ばれている。

現在も、雁の襖絵八枚が本堂「上官の間（雁の間）」に当時のまま残されている。先に挙げた金閣寺や銀閣寺と違って相国寺は観光寺ではないが、文学的にはぜひ訪れて欲しい寺である。

本書を読まれたことで「相国寺に行きたい」と思われた方のために、もう一つ珍しいものを紹介しておこう。

相国寺。〒602-0000　京都市上京区今出川通烏丸東入相国寺門前町 701

瑞春院には、約三七〇年前、大名、茶人、建築家、作庭家、書家とさまざまな顔をもつ小堀遠州（一五七九〜一六四七）の配下であった同心が造った「水琴窟《すいきんくつ》」がある。水琴窟というのは日本庭園の装飾の一つで、手水鉢《ちょうずばち》近くの地中につくりだした空洞の中に水滴を落下させ、その際に発せられる音を反響させるというものである。もちろん、手水鉢の排水を処理する機能をもっている。発せられる玄妙なる音色は、聴く人の心を幽玄の世界に誘うがごとくである。水上も聴いたであろう瑞春院の水琴窟、ぜひ見て、聴いていただきたい。

京都には、ここのほか妙心寺退蔵院や永観堂禅林寺などにも水琴窟がある。インターネットで調べれば、どこにあるのかがすぐに分かるので、ガイドブックなどではあまり紹介されていない水琴窟ツアーをするのもいいかもしれない。たぶん、「ここにもあったの！」と驚くことであろう。

余談だが、東京にも水琴窟はある。一番手軽に聴けるのは、新宿の歌舞伎町の北、副都心線「東新宿駅」のすぐ近くにある稲荷鬼王神社である。周りにラブホテルと居酒屋などが立ち並ぶという小さな神社だが、その神殿前に水琴窟があり、二四時間自由に聴くことができる。飲み屋街で聴くこの音、京都のように幽玄

稲荷鬼王神社の水琴窟に耳を傾ける筆者

の世界には誘われないかもしれないが、「心が洗われる」とは思う。

そろそろ話を戻そう。

同志社大学の煉瓦造り校舎の写真を撮りながら、京都御苑に向かった。「向かう」というほどの距離ではない。歩いてきた今出川通を渡るだけだ。このときは少し南に下って、「蛤御門《はまぐりもん》」から入苑することにした。

歴史好きの人であればご存じのとおり、蛤御門の付近は、一八六四年に長州藩兵と会津・薩摩藩兵が衝突し、戦闘が行われた所である。現在も、門にはそのときの弾痕が残っている。この戦闘がきっかけとなって、江戸幕府による第一次長州征討が行われている。

それにしても、京都御苑は広い。東西約七〇〇メートル、南北約一三〇〇メートルと長方形をしているここは、深い緑に包まれている。このなかに、南北朝時代（一四世紀）から一八六九（明治二）年までの間、歴代天皇が居住し、儀式・公務を執り行った「内裏《だいり》」がある。現在、「京都御所」と呼ばれている所である。

本章の冒頭でも少し述べたように、平安京の内裏は現在の京都御所よりも一・七キロ西にあった。そして、現在の千本通が平安京のメインストリートであった朱雀大路となる。現在の地図を見ると烏丸通が京都の中心となっており、そのすぐ東側に京都御苑があるので、平安時代もそうであったかのような錯覚をしてしまうが、じつは違うのだ。

一二〇〇年前の平安京を再現している博物館がある。「平安京創生館」という名称で、「千本丸太町」の交差点（つまり、千本通りと丸太町通りが交差している所）から少し西へ行った北側にある。

ここでは、平安京復元模型をはじめとして、当時の貴族や庶民の生活がパネル化して展示されている。現在の地図に重ねた状態で確認することができるので、一二〇〇年の古都を観光したいのであれば、先にここを訪れてからのほうが分かりやすい。ボランティアガイドも常駐しているので、勉強になること間違いなし！　個人的には素晴らしい博物館だと思っているのだが、意外と訪れる人が少ないようだ。それだけに「穴場」と言える。

平安京の南の正門が羅城門《らじょうもん》（「らしょうもん」

平安京創生館で販売されている冊子（文・画：梶川敏夫）

平安京創生館のパンフレット
〒604-8401　京都市中京区丸太町通七本松西入　京都市生涯学習総合センター（京都アスニー）1階　TEL: 075-812-7222
入場料は無料

とも読む）である。芥川龍之介の名作『羅生門』（新潮文庫）の題材となった門、翌日にその門址に行ってみた。東寺前の九条通を西へ五〇〇メートル行くと、右側の小さな公園に「羅城門遺址」と書かれた石碑が立っていた。メインストリートであった朱雀大路は、この羅生門まで一直線だったわけだ。

ちなみに、この羅城門の復元模型（一〇分の一）が京都駅の北口広場に設置されていることもあまり知られていない。平安建都一二〇〇年を記念して宮大工組合によって一億円をかけて造られたものだ。一〇分の一とはいえ、あまりの巨大さに当初は「メルパルク京都」というビルの地下に置かれていたが、二〇一六年一一月から地上に置かれるようになった。まだ見られていない方、すぐに地下に潜らないで、北口広場に行ってみよう。

さて、京都御苑のあと、東側を南北に走っている寺町通を歩くことにした。「寺町通」という名前のとおり、たくさんのお寺が密集している。一五九〇年、豊臣秀吉は天下を取ったあと、京都の町を大改造したという。その一つが、市内にある寺院をこの寺町通に集合させたことである。寺を集めた目的は、税の徴収の効率化と京都の防衛だったそうだ。この地に移された寺として、「廬山寺《ろざんじ》」と「本能寺」がある。

『源氏物語』や『紫式部日記』を書いた紫式部邸宅跡として有名な廬山寺は、京都御苑のすぐ東側にある。境内に紫式部の歌碑があり、「めぐりあひて見しやそれともわかぬ間に　雲がくれにし夜半の月かな」と彫られていた。

この廬山寺の向かいには梨木神社がある。境内にある井戸は「染井の水」と言われ、いつも新鮮な水が湧き出ている。境内には約五〇〇株のハギが植えられており、別名「萩の宮」とも呼ばれている。毎年、九月中旬～下旬には「萩祭り」が行われているようだが、この季節に訪れたことはない。

「京都三名水」というのをご存じだろうか。京都御苑にある「縣井《あがたい》」と梨木神社の「染井《そめい》」、そして「醒ヶ井《さめがい》」である。京都御苑の西にある「縣井」は、江戸時代にこのあたりを邸宅とした一条家が古い井戸を修復したようで、その名水は明治天皇の皇后、昭憲皇太后の産湯として使われたようだ。残念なことに、現在は使用不可となっている。

そして「染井」、これが梨木神社にある。京都御苑にある「染殿井《そめどのい》」と同じ水源となっており、現在まで唯一現存している貴重な井戸である。ちょっと興味が湧いて、『京のめぐりあい――水の都京都』（暮らす旅舎編、実業之日本社）と

京都駅北口にある羅城門の模型

小さな公園にある「羅城門遺址」の石碑

いう本を読んでみた。「水の都京都」と言われても、正直なところピンとこなかったが、この本を読むと「なるほど！」と思ってしまった。

確かに、京都は鴨川、桂川、宇治川と大きな川に囲まれているうえに、市内には白川や高瀬川、琵琶湖疏水が流れており、それぞれの水辺が美しい景観をつくり出している。しかし、それだけではないというのだ。何と、京都の地下深くには琵琶湖の水に匹敵するほどの豊かな水脈があるという。だから、町のあちこちから名水が湧き出ているのだろう。また、現在も約七〇〇〇本の井戸が現役だという。

そして「醒ヶ井《さめがい》」だが、本来は五条堀川下ルにあったようだが、現在は石碑のみが残っているだけだ。平安時代、源氏の六条堀川邸内の井戸だったようで、千利休（一五二二～一五九一）や織田有楽斎《おだうらくさい》（一五四八～一六二一）などに愛用され、「天下一の名水」と称されたと

紫式部邸宅跡の廬山寺。〒602-0852　京都市上京区寺町通広小路上ル北之辺町 397

もいう。

第二次世界大戦中の堀川通の拡張工事によって取り壊されたが、一九九一（平成三）年、醒ヶ井通の角にある京菓子屋「亀屋良永」が社屋改築の際に湧いた地下水を「醒ヶ井《さめがい》」と名付けて復活させているという。次の機会にはぜひ訪れたい、と思っている。

さて、織田信長が明智光秀に討たれた「本能寺の変」（一五八二年六月）で有名な本能寺だが、現在の本能寺(7)から約一・二キロ西にあったという。決して広い境内ではないので、現在の様子から「本能寺の変」をイメージすることはできないが、三男信孝の命によって建てられた「信長公廊」にお参りをする人は多い。

ところで、「能」という字が「能」に替えられていることに気が付いただろうか。これは、五度も火災に遭遇したために「ヒ（火）」を嫌って替えたものだという。こんなことを知ると、寺町通も歴史の詰まった通りであることが分かる。

陽が暮れてきた。少し下がった所には、創業が一八七三（明治六）年というすき焼きの老舗「三嶋亭《みしまてい》」があることは知っていたが、同時に値段が高いことも知っている。食事はあとにして、まずはホテルに向かうかと、予約している「ホテル近鉄京都駅(8)」に行くことにした。名前のとお

（7）〒604-8091 京都市中京区寺町通御池下ル下本能寺前町 522
（8）〒600-8215 京都市下京区東塩小路釜殿町1―9 TEL: 075-692-2111

り京都駅南口側の駅ビルに入っているので、場所を探す必要がないし、食事をする店もたくさんある。さて、何を食べるか、と思いながらバスに乗った。

上七軒と北野天満宮の御土居《おどい》

翌日も京都駅から市バス206系統に乗り、車窓を楽しみながら「千本今出川」で下車して、上七軒の三叉路へ向かった。花街である上七軒をゆっくり歩きながら、北野天満宮へ行くというのが今日のコースである。

花街と言えば、舞妓、芸妓、置屋、そしてお茶屋である。舞妓とは、芸妓になる前の修行時代のことで、置屋は舞妓の修行の場である。そしてお茶屋は、宴会などで芸を披露するところとなる。周防監督の映画『舞妓はレディ』(二〇一四年)は架空の「下七軒」というところが舞台となっているが、この上七軒をイメージしたものだと、後日、監督から聞いた。

京都市内には、「京都五花街」と呼ばれる花街がある。祇園甲部、宮川町、上七軒、先斗町、祇園東の五つであるが、西陣織が繁栄していたころ、旦那衆は西陣から近いこともあって上七軒によく遊びに来ていた。そう、西陣織は京都における産業の中心であったのだ。先に挙げた鷲田の『京都の平熱』では、「京都の収入源は観光ではない」と述べられている。

京都は観光の街ではない。京都市は街じゅうが接客をしていてまさに観光で持っているように見えるが、じつはその収入は総収入の一割を占めるにすぎない。京都はいまも、典型的な内陸型の工業都市である。このことは意外と知られていない。（前掲書、二〇一ページ）

京都には、京都が発祥という製造業が数多くある。大手電気機器メーカーの「オムロン」、セラミックのほかに電子機器や情報機器を扱う「京セラ」のほか、「村田製作所」や「島津製作所」「日本電産」「任天堂」、そして「ワコール」など日本を代表する企業ばかりである。そう、京都はモノづくりの街なのだ。

さらに、「職人の街」だったことが産業の発展に大きく寄与した。西陣織の反《たん》物《もの》や京焼・清水焼などの陶工たちの精密な技術が形を変えて生きている。扇子職人、京菓子職人、そして桶屋や仏壇屋などといった職人の技術が「モノづくりの街・京都」を構成している。

花街の上七軒。正面が北野天満宮

ところで、映画『舞妓はレディ』の登場人物、長谷川博己が演じた言語学の教授と岸部一徳が演じた呉服屋の旦那、いかにも京都らしい設定となっているので、ぜひ観ていただきたい。決して、周防監督の知り合いだから言うわけではない。映画ファンとして、私も大好きな映画だからだ。

次の目的地は北野天満宮である。九四七年に創建され、菅原道真公を御祭神とする全国約一万二〇〇〇社の天満宮、天神社の総本社である。天神信仰の発祥の地であり、親しみを込めて京都では「北野の天神さん」とか「北野さん」と呼ばれ、「学問の神さま」「芸能の神さま」として広く知られるようになった。

道真公には、牛にまつわる伝説や逸話が数多く残されている。境内には、横たわった牛の像が数多く奉納されている。ほとんどの参拝者が牛の頭を撫で、学業向上を願っている。

私の目的は、北野天満宮に残されている「御土居《おどい》」である。御土居造りが、豊臣秀吉の最たる京都改造であった。御土居は、城壁という軍事的な目的で造られたという説もある。というのは、

北野天満宮にある御土居と青もみじ。〒602-8386　京都市上京区馬喰町北野天満宮社務所　TEL: 075-461-0005

堤の上に竹を植え、視界を遮るとともに侵入を難しくしたからである。また、鴨川の洪水から京都の町を守るという、防災的な目的で造られたという説もある。

御土居は約二三キロの長さとなる堤で、これが造られたことで京都の「洛中」と「洛外」が生まれた。御土居で囲まれた範囲、つまり「洛中」は、基本的には京都市街地の中央部分すべてと思っていただければ分かりやすい。まず、東は賀茂川から鴨川に沿って造られ、寺町通にしっかり合わせている。西は紙屋川に沿って造られ、千本通（一部西大寺通）に合わせている。北は賀茂川の御園橋から紙屋川から南下し、九条にある東寺の南にまで達する長さであった。

現在、御土居の跡がいくつか残されているが、北野天満宮の境内にあるものが多くの人に知られており、史跡に指定されている。北野天満宮の場合は、「史跡御土居　青もみじ」（秋は「史跡御土居　紅葉」となる）というエリアに入苑料五〇〇円を支払って見ることになる。

それほど広くはないが、紙屋川に沿って約三五〇本のもみじが続く散策スポットになっている。御土居の存在よりも、青もみじの緑の美しさに目を奪われてしまったというのが実感であった。一〇人ほどいた拝観者も、青もみじで彩られた風景をバシバシ撮っていた。

ちなみに、前日に訪れた廬山寺にも「史跡御土居」の碑があるし、翌日に行った「羅城門遺址」近くには「九条御土居（Kujoodoi）」という交差点名を示すプレートが建っていた。南の御土居が東寺まで含まれていたことが再認識できて、ちょっと嬉しくなった。

定番の場所

錦市場

京都に行くと必ず寄るところと言えば、錦小路にある錦市場である。「京の台所」と呼ばれ、家庭料理の食材を中心に約一二〇店舗が並んでいる。知らない土地のことを味わう場合、その地域の生活に入っていくことが一番である。観光名所をめぐるだけでは、その土地のことを理解するのは難しい。それに、京都は外部の人に対して「距離を置く街」と言われているため、その懐《ふところ》に入り込むためにも「錦市場」は絶対にはずせないスポットとなる。

最近、料理にはまっている私にとっては、間口の狭い店を一軒一軒眺めて歩くというのが何よりも楽しいこととなる。てっきり京都人でにぎわっているのかと思っていたが、最近は地元の人はほとんど利用していないという。現在は、もっぱら観光客の名所となっているらしい。この日も、外国人観光客が八割を占めているような感じがした。海外の人にとっては京都の「おばんざい」が珍しいのだろうが、逆に、観光化した錦市場から地元の人は離れてしまったのかもしれない。

それでも、私には寄るところがある。蕎麦屋「まるき」である。四つのテーブルと右奥にカウンター席しかない、二〇人ほどで満席になるごく普通の蕎麦屋である。京都に来たときは、この店の人気商品である親子丼（七七〇円）を食べるようにしている。分厚く卵が覆って、ボリューム感がある親子丼は本当に美味しい。

「まるき」だけは地元のお客さんも多いが、京都に来た観光客にもぜひ食べていただき丼物である。ただ、この日は臨時休業で親子丼を食べることができなかった。ショック！　お店の外観を写真に撮って引き揚げることにした。

江戸時代中期の絵師伊藤若冲《いとうじゃくちゅう》（一七一六～一八〇〇）が、この錦市場の出身であることをご存じだろうか。二〇一六年に生誕三〇〇年も迎えた若冲は、錦市場

「京の台所」と呼ばれる錦市場。近くには、薩摩屋敷と薩摩藩士が定宿としていた「鍵屋」があった

蕎麦屋「まるき」〒604-8042　京都市中京区錦小路通寺町西入ル　TEL: 075-221-5927、営業時間12:00～17:00、定休日水曜日

にあった青物問屋「枡屋」の長男として生まれ、その後「枡屋」の主人になったという絵師である。

澤田瞳子《とうこ》が書いた『若冲』（文藝春秋）によると、「枡屋」の主人時代には絵を描く以外ほかのことにはまったく興味を示さず、四〇歳で弟に家督を譲って隠居生活に入り、その後、本格的に絵をはじめたという。重要文化財となっている「仙人掌群鶏図襖絵《さぼてんぐんけいずふすまえ》（大阪府・西福寺蔵）を描いた若冲が、錦市場の出身で、青物問屋の主人だったことは、ちょっとした驚きであった。

また、若冲は相国寺《しょうこくじ》とも縁がある。二三歳のとき、若冲は四代目枡屋源左衛門を襲名したわけだが、そのときに与えられた号「若冲」は、禅の師であった相国寺の禅僧から与えられたと言われている。こんな背景があるからだろう、若冲の墓は相国寺にある。

それにしても、本を読んでから京都に来ると、仕入れた知識がさらに深まっていくので楽しい。変なたとえだが、「知識が立体的」になるような感じがする。

木屋町通と高瀬川

京都の街歩きで好きなところと言えば木屋町通である。鴨川を挟んで、東側の祇園界隈は敷居が高いが、西側の木屋町通界隈は若者にも人気のあるエリアとなっている。飲み屋が立ち並ぶ木屋町通に面して高瀬川が流れている風景は、京都らしい情緒のある姿を映し出している。それゆえ、京都を舞台にした二時間ドラマでもよく登場する。

万城目学の『鴨川ホルモー』にも、この木屋町通が描かれている。三条木屋町の居酒屋「べろべろばあ」が作品のなかに度々出てくる。屋号は小説での仮称であるが、実在する人気の居酒屋であるらしい。ネットで調べてみると、三条木屋町の大黒橋のたもとにある創作和食系の居酒屋「どんがま（dongama）」であった。すぐに分かりそうなので、次に来たときには寄りたいと思っている。

木屋町通に沿って、細い路地のような石畳の通りに風情のある料理屋や飲み屋が並ぶ先斗町がある。木屋町通と先斗町を結ぶ路地が何本もあるのだが、その路地にも赤提灯やバーなどといった飲み屋がひしめき合っている。先斗町側の路地の入り口には番号（たとえば17）が付いており、目的の店に行くのがとても便利そうだし、木屋町通との行き来で迷う心配もなさそうだ。

先斗町でどうしても寄りたい店が、おばんざいの老舗「ますだ」[9]である。大皿のおばんざい、つまり京都で日常的に食べられているおかずが並び、八人ほどが座れるカウンターだけの店内

静かな昼間の先斗町

は満席のことが多い。今回で二度目となるが、外で八人ほどが空きを待っていたので、またもや退散となった。

「ますだ」は司馬遼太郎のお気に入りの店で、産経新聞の記者時代から通っていたという常連客であった。司馬は、先代主人が亡くなられたときには葬儀委員長も務めたというほどの馴染みであった。大佛次郎、井伏鱒二、梅原猛、桂米朝などの文化人も常連で、サルトル＆ボーヴォワールも来店したと聞く、文化の匂いがする歴史ある老舗である。

幕末、木屋町通はきな臭い地帯であった。「佐久間象山・大村益次郎遭難之碑」が立っている。一八六四年、木屋町通を馬に乗って通りかかった佐久間象山（一八一一～一八六四）が刺客に襲われて絶命した。象山は信濃（長野県）松代藩士で、洋学・砲術を学び、開国論を唱えて、勝海舟、坂本龍馬、吉田松陰らといった多くの俊才を教育した人物である。

それから五年後の一八六九年、木屋町通の東側にあった宿所で大村益次郎（一八二五～一八六九）も刺客に襲われて斬られている。益次郎は長州藩士、医学とともに西洋医学を学び、兵学の第一人者でもあった。

通りに沿って流れる高瀬川は、血で赤く染まっていたのではないかとさえ思えてしまうほどの戦いがこのあたりで行われたようだ。いざというときには、舟に乗って鴨川を下るという便利な位置に倒幕派らが潜んでいたのだ。

現在、料理旅館として営業している「幾松」[10]は、倒幕運動に大きな役割を果たした桂小五郎（のちの木戸孝允・一八三三〜一八七七）が芸妓幾松（のちの松子夫人）と過ごした寓居跡である。上木屋町に位置しているのだが、現在も「抜け穴」「飛び穴」「吊り天井」などが残されおり、利用された方は見学が可能となっている。なお、木屋町通に面してレストランもあって、女性客に人気の店となっている。

そのほかにも、「本間精一郎　遭難地」と「武市瑞山先生寓居之跡」がある。本間精一郎は越後（新潟県）に生まれ、尊王攘夷思想の急進派とされていたが、この勤王の志士も襲われた。時に二九歳という若さであった。襲った八人のなかには、薩摩藩の田中新兵衛や土佐藩の岡田以蔵もいたという。一方の武市瑞山は、土佐勤王党の盟主であった。坂本龍馬とは遠縁にあたり、剣術家であった。

森鷗外の小説『高瀬舟』[11]は有名である。読まれた方も多いことだろう。

（9）〒604-0000　京都市中京区先斗町四条上ル下樵木町 200　TEL: 075-221-6816
（10）〒604-0923　京都市中京区木屋町通御池上る　TEL: 075-231-1234
（11）『山椒大夫・高瀬舟』（新潮文庫・一九六八年）に収録。

高瀬川を高瀬舟で京都から大阪へ役人が罪人を護送する間に交わされた二人のやり取りの話である。役人は、罪人から生きることとは何かについて考えさせられることになる。罪人の犯罪は弟殺しであったが、弟は病に臥せ、剃刀《かみそり》で自殺を図るが死に切れずいたのを、弟の願いで死に追いやってあげたという。弟を救うためであったと思うと、どうしても解せぬ思いが役人に湧いてくる。いったい、役人とはなんであるのか、と自問するという小説である。

木屋町通に沿って流れている高瀬川。川幅四、五メートル、水深も二〇センチほどしかない川である。木屋町二条にある立札には次のように書かれていた。

高瀬《たかせ》川《がわ》一之《いちの》船入《ふないり》

この立札の後方の入江を一之船入という。

船入とは、荷物の積み下ろしや船の方向転換を行う場所で、二条から四条の間に九箇所作られたが、国の史跡に指定されているこの場所を除いてすべて埋め立てられている。

高瀬川は保津峡の開発などで有名な江戸初期の豪商・角倉了以《すみのくらりょうい》・素庵《そあん》父子が慶長十九年（一六一四）頃に開いた物流用の運河で、鴨川に平行して東九条まで南下し、鴨川を横断して伏見に通じていた。水深が浅いことから、底が平らな高瀬舟という船が使われ、ここから川の名前が付けられた。

盛時には百数十艘《そう》が上下して伏見を通じて大阪などの物資を運び入れ、京都の経済に重要な役割を果たした。木屋町筋には「木屋町」という町名の由来となった材木屋をはじめ、多くの問屋が立ち並んで賑わった。

明治以降、高瀬川は次第に舟運の目的を失い、大正九年（一九二〇）に舟運は廃止されたが、清らかな水と桜や柳が美しい情緒溢れる景観が、多くの市民や観光客を楽しませている。

京都市

高瀬川に浮かぶ高瀬舟。左側が木屋町通

この立札の近くには、「島津製作所(12)の創業の地」という立札があった。その後方の建物は、南棟が一八八八年、北棟は一八九四年に増築し、一九一九年までの四四年間、本店兼住居として使われていたという。

木場町通の界隈は歓楽街である。しかし、祇園界隈と比較すると観光客は少ない。きれ

(12)　島津源蔵（一八三九～一八九四）が創業した精密機器の総合メーカーである。

いな水と柳が美しい景観をつくり出す木屋町通、そして先斗町が見せる京都らしい町並みを歩いたことで、改めて京都が歴史の宝庫であることが分かった。

何十回、何百回と京都を訪れている人からすれば、本書で書いた私の京都紀行は庸劣《ようれつ》なものかもしれない。しかし、私にとっては、このときのぶらぶら歩きが都市の定義を考えることにもつながった。これまでは、政治の中心地、経済の中心地が「都市」という空間を形成してきたと思っていたが、京都に来て、歓楽街があるところが「都市」ではないかと思いはじめることになった。

歓楽街、言葉の響きは決していいものではないだろうが、ここには人を寄せ付けるだけの魅力がある。そして、勢いがあり、エリアごとに確立された自治があるように思えてならない。京都は歓楽街の宝庫である――これが、京都の街歩きをした私の感想である。

エピローグ――本の製造現場を見学

「三位《さんみ》一体《いったい》という言葉がある。語源の由来は、キリスト教の父（創造主）と子（イエス・キリスト）の聖霊は、姿は異なるが、同じ一つの神であるという考えらしい。この言葉を、出版業界でもよく使ってきた。出版社（本をつくる）、取次（本を運ぶ）、書店（本を売る）を指しているわけだが、この三者が協力することで一体となり、それぞれの成長と業界の発展を促進していこうと、事あるごとに唱えられてきた言葉である。

また、出版業界の共通理念として存在しているのが、「一冊の本」を大事に販売し、それを積み上げていくということである。川上（出版社）から川下（書店）へ、それぞれがその役割（責任）をまっとうし、「一冊の本」を読者にしっかり届けていこうという理念である。

このように業界は努力してきたわけだが、現在の出版業界は危機に陥っている。一日の新刊点数が二〇〇点以上刊行されているが、返品率が約四〇パーセントという状況が続いている。供給はしているのだが、それに見合うだけの需要がないということだ。

出版不況の要因として出版界は、読書離れ、アマゾンの影響などといった外的な要因を挙げることが多い。しかし私は、新刊書を中心として取次に本を搬入すると発生する「課金システム」（納品するだけで一定額が出版社に入るというシステム）に甘んじている出版社が多いため、中味の質などは関係なく本を出し続けているからではないかと思っている。つまり、一人でも読者を増やそうという姿勢がないのではないか、と疑念を抱いているのだ。

言うなれば、「負の三位一体」であろう。読者を無視するがごとくのように本を出版し続け、「本の価値」を自ら貶めている。それが市場（読者）に蔓延して、読書離れが起きているようにも思われる。「敵は内にあり」、なのかもしれない。

出版業界を引退した私に今後の予測といったおこがましいことはできないが、このような危機的な状況から脱却できる人とできない人に分かれていくような気がする。要するに、「敵は内にあり」と捉えている会社および人が残っていくということだ。

また、刊行されている新刊書の対象が、読者ではなく一般消費者になっているのではと懸念している。いかなるジャンルにも読書好きの人（読書家）が存在している。大事なのは、その読書好きの人に「本を読むこと」を継続してもらうことである。出版業界において、「三位一体」のコミュニケーションの本質を、いま一度考えるべきなのではないだろうか。

とはいえ、それだけでよいのだろうか、とも思っている。出版業界は、紙業会社、印刷会社、製本会社、製函会社、運送会社などの存在があって成り立っている。というより、実際に本をつくって流通しているのはこれらの会社なのだ。その現場や現状を知らないで、「敵は内にあり」に対する問題解決案も生まれてこない。

「駕籠《かご》に乗る人担《かつ》ぐ人　そのまた草鞋《わらじ》を作る人」ではないが、一冊の本を支えているすべての人びとが協力をしなければならない。それにはまず、これまでまったく意識もしてこなかった製造現場、つまり印刷会社と製本会社に足を運ばなければならないという思いに至った。本書のタイトル『書店人のはんせい』の「はんせい」には、この意味も含められている。

これについては、私だけでなく、出版業界の多くの人たちも意識してこなかったように思われる。冷静に考えれば考えるほど、印刷会社と製本会社を知らないで「本を語る」資格はない。生意気なことを言うようだが、このように考えることになったきっかけは、第3章で紹介した三浦しをんの『舟を編む』や「広辞苑をつくる人びと」を読んだからだ。

言うまでもなく、プロの作家のようには表せないと思うし、一回見学しただけで、そのすべてが分かるとも思っていないが、現場を見た私なりの「感動」や「驚き」だけは伝えられると思っている。星野道夫流に言えば「旅する紙」となるが、その行程に、出版業界の人だけでなく一般の読者も注目して欲しい。

印刷会社「理想社」へ

夏の陽ざしを感じさせる二〇一八年五月のある日、本書の出版社である新評論の武市社長とともに、有楽町線「江戸川橋駅」から新目白通りを飯田橋方面に歩いて五分ほどの所にある「株式会社理想社」に向かった。なんと理想社は、二〇二一年に一〇〇周年を迎えるという（従業員四二名）老舗の印刷会社であった。周辺には、大手取次店の「トーハン」や「新潮社」をはじめとした出版社が密集している地域である。午前中は理想社におじゃまをして、午後からは「株式会社中永製本所」を訪問する予定にしていた。

エレベーターのないビルを三階まで上り、田中宏明社長と中村一利営業部長から話を聞いた。名刺交換の際、田中社長の真っ黒に日焼けした顔には驚いた。尋ねると、学生時代からサーフィンに嵌まってしまい、今でも毎週のように千葉の海に通っているとのことである。年齢を尋ねると「五八歳」と言われたが、とてもその年には見えない。一方、中村部長も人柄が滲み出るといった雰囲気で、「いかにも営業」という印象を受けた。埼玉県浦和の出身で、現在も北浦和に住んでいると聞いて、浦和に生まれ、浦和の高校を卒業した私は思わず親しみを感じてしまった。

各現場で仕事の内容を説明するということであったが、「その前に概要を頭に入れておいたほうが理解しやすいでしょう」と言う田中社長の言葉どおり、応接室でその説明をしていただくことになった。

「どの部署の部屋も全員がパソコンで仕事をしているので、現場は、印刷会社というよりはIT企業のような風景です」と話しはじめた田中社長、アナログ作業とデジタル作業の比較が描かれた図を提示して、現在の仕事の流れを説明してくれた。図そのものは分かりやすいのだが、情けないことに、その流れを完全に理解できるだけの教養が私にはない。

「人も時間も効率化されましたが、設備投資が高く、費用対効果はあまりよくないですね」と話す田中社長の表情から、最近の気苦労がうかがえる。印刷会社の従業員となると、私には「職人」のイメージがあったので、その点について尋ねると、「業務のなかで、職人的作業というものがなくなってきているのが現状です」という答えだった。何となく、二一世紀の印刷会社を垣間見たような感じがした（もちろん、分からないなりに、だが）。

とはいえ、「こだわりは、理想社オリ

理想社の正面。住所：〒162-0802 東京都新宿区改代町24番地 TEL：03-3260-6177

ジナルの書体にあります」と強調されたときには、職人の眼になっていた。
『広辞苑』がそうであるように、ほとんどの出版社が自社で決めた書体を使用しているのだが、いなかなる書体でも出版社は指定することができる。さまざまなソフトウェアと同様、書体も販売されているのだ。書体の製作で有名な会社というと、創業が一九二五年という「株式会社写研」(1)が挙げられる。書体をデザインする専門のデザイナーがいるわけだが、現在活躍されている書体デザイナーの多くが写研の出身と言われている。

ちなみに、理想社オリジナルの書体は「モトヤ明朝 Pro W2RS」というもので、本書の本文もこの書体で印刷されている。前述したように、今まで書体を意識したこともなかったが、改めて見ると、「読み物」と言われる本にはちょうどよい書体のように思える。

概要に関して丁寧に説明していただいたあと、いよいよ現場を見学しながらの説明となった。印刷作業の流れは、大きく分けると次の三つとなる。

組版《くみはん》

印刷までの一工程で、文字や図版などを配置し、紙面を構成することをいう。理想社では、文字入力、レイアウト、校正、画像処理の四部門に分かれている。それぞれがすべてＤＴＰ（パソコンでデータを作成し、実際に紙面を作成すること）で行われている。

書体は明朝体やゴシック体が中心となっており、社内校正（文書確認）は平均で三回ほど行っているというから驚いた。ところで、すべての書物には篇・章・節・項というように段階的な見出しが付けられているわけだが、各見出しに命令記号をプログラム設定して、活字の大きさ、行ドリ、字割などを自動的に組み込むことで効率化を図っているという。この作業をすることで同レベルの見出しに齟齬が生じなくなるということだった。その設定されたものをプリントで見せてもらったが、恐ろしく細かいものだった。

さらに、洋書に掲載されている地図をスキャンして、和書用に画像処理をしている現場を見たが、思わず「便利なものだ」と感心してしまった。ただ、この作業も細かい！

刷版《さっぱん》

印刷するための版をつくる最終工程が刷版である。刷版とは、組み版の終わったデータをコンピュータから出力してアルミ製の版をつくることだが、かつてはフィルムなどの中間材料を使用してつくられていた。しかし現在は、直接コンピュータからデータを出力する「CTP（Computer to Plate)」という方法でつくられている。この刷版を印刷機にセットして、実際に印刷

（1） 〒170–0005 東京都豊島区南大塚2–26–3

図　ページの面付け例（右綴じ16ページの場合）

表面

天 1 地	天 16 地	天 13 地	天 4 地
地 8 天	地 9 天	地 12 天	地 5 天

裏面

天 3 地	天 14 地	天 15 地	天 2 地
地 6 天	地 11 天	地 10 天	地 7 天

原紙には表と裏の両面に各ページが印刷され、
右綴じか左綴じによって天地の向きが逆になる。

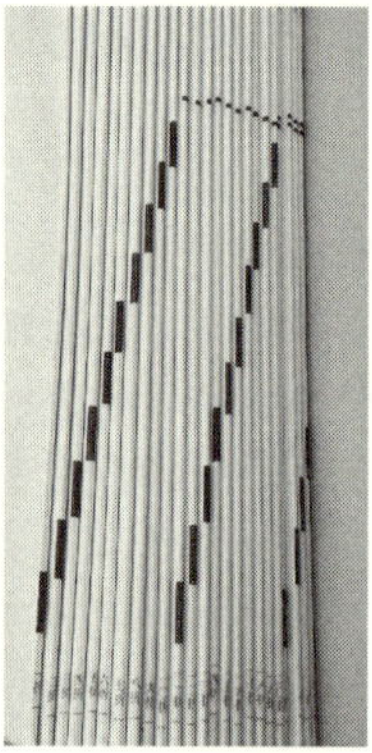

揃っている背丁

筆者（左）にCTPの説明をする田中宏明社長

（資料提供：理想社）

がはじまる。

「この作業でもっとも気を遣うのが面付け作業です」と、田中社長は言っていた。書籍などのページものの印刷は、一ページずつ印刷していくわけではない。印刷→断裁→製本という工程を考慮して、本書の場合で言えば、全判の紙に裏表一六ページに面付けされたものが四つ載って印刷されていくことになる。つまり、一枚の紙に六四ページ分が印刷されるわけだ（本の大きさがA5版の場合は三二ページとなる）。

この「面付け」だが、右の図のようにあるルールに則って行われている。素人が文章で説明するのはなかなか難しい。よって、単純に一ページから一六ページまでが並んでいるわけではないということだけは伝えておきたい。

このように印刷された一六ページ分を「一丁」と呼び、製本過程で間違って組み合わさないように、各折丁の背（折り目の部分）に付けた書名と、折丁の順序を示す数字の「背丁《せちょう》」が印刷されてある。この背丁が揃えば一冊分の本となる。

「面付け作業は、目での確認作業が欠かせません」と田中社長は強調していたが、その意味は、これまでに読んだ本を見ても分かるような気がする。つい最近まで、背丁がずれている「乱丁」、背丁が欠けている「落丁」と呼ばれる本を私も目にしてきたからだ。

さて、このルールに従って面付けされ、印刷された原紙を折ってみたが、まるでチンプンカンプンで、失笑を買ってしまった。慣れれば当たり前のこと、とは思うが、初めて見て、実際に体験すると、「なんでそうなるの？」と思ってしまう。要するに、素人が思う以上に大変な作業ということだ。

印刷

約一〇〇年という歴史を誇る理想社の印刷技術、そのこだわりをホームページから引用してみたい。

> 当社事業の中心を担う印刷は、確かな技術と仕上がりの美しさに対するこだわりで、創業以来、長年にわたり多くのお客様に高い評価と信頼をいただいてきた。現在は、四六全半二色両面オフセット印刷機を中心として、さらなる高品質を目指して日々研鑽を続けている。

実際にその現場を見て、驚くしかなかった。一時間で八〇〇

1億円以上する印刷機

〇枚を印刷する現場を見せてもらったが、巨大な印刷機から印刷される情景は「圧巻」としか言いようがない。

「この機械、いくらするのですか?」という貧乏人の質問に、「一億円以上です」と答えてくれた田中社長の顔には、「誉れ」とともに「陰り」が感じられた。たぶん、減価償却のことを考えているのだろう。そんな表情が、印刷会社の現状を物語っているような気がする。

複製作業——番外編

読まれる機会が少なくなったとはいえ、長らく品切れになっていた書籍を復刊することもある。もちろん、現在のように電子データでその版が残っているわけではないので、フィルムなどで印刷されたものからスキャンをして、電子データ化することになる。言うまでもなく、文字が薄かったり、文字が欠けているものは修正をしなければならない。

この作業、言ってみれば「塗り絵」のようなものなのだが、それ以上を言葉で説明をするのが非常に難しい。しかし、こんな作業があることをどうしても伝えたい。スタッフの集中力と根気、初めて見た私には気が遠くなってしまう作業であった。

修正範囲は担当者の判断に委ねられているとのことだったが、間違いなく「職人技」と言えるものであった。作業中のスタッフに、「この作業のコツは?」と尋ねたところ、「必要以上に画面を拡大しないこと」という答えが返ってきた。確かに、拡大率が大きくなると文字の粗《あら》が目立ってしまう。「なるほど！」と納得してしまった。

この作業によって、何十年も前に出版された本が息を吹き返し、現代を生きる私たちに再び商品として提供されることになる。一人でも多くの読者をつくっていくことを本気で考えるならば、読み継がれている本（既刊本）を大事に刊行していくことが一番の「するべきこと」となる。複製作業を行っているスタッフの仕事を見て、そのことに改めて気付かされた。

驚きの現場を見学していると、時間が経つのも早い。応接室に戻って、最後に「活版印刷」についての話をうかがった。活版印刷とは、金属に文字を彫り込み、判子状にしたもの（活字）を並べて文章にした紙面（原版）をつくり、それにインクを塗って印刷する方法だ。一ページに組まれた原版を

「ここまで拡大はしません」とスタッフが言っていた文字の塗り絵

見せてもらったが、半端なく重かった。また、活字の種類やフォント（文字の大きさ）が何種類もあることを初めて知った。少し考えれば分かることだが、やはり意識していないとそこまで気が回らない。

それにしても、活版印刷に従事された方々は、それこそ肉体労働であり、「職人技」と言えるものであったことだろう。そのことを、おぼろげながらも実感できたことは、本好きの私にとってはこのうえなく有意義であった。

「社名から『印刷』という語句を外した理由は？」と、最後に田中社長に尋ねたところ、「印刷だけでなく、さまざまなご要望にお応えしていく会社づくりを目指しています」という答えだった。気概のある、積極的な言葉を聞いて、理想社を訪問した充実感がさらに増した。

午後は中永製本所へ

午後一時、中永製本所の田中一紀社長がわざわざ理想社まで車で迎えに来てくれた。名刺をいただいて驚いてしまった。理想社の社長と同じ苗字なのだ。縁故関係はなく、偶然ということであった。

中永製本所は都内にあると勝手に思っていたのだが、名刺を見ると「さいたま市岩槻区」と記載されていた。一九七〇（昭和四五）年に千代田区神田から現在の岩槻に移転したということなので、あと二年ほどで移転から五〇年が経つことになる。「現在でもそうだが、埼玉県には出版社はほとんどなく、自ら都内に出向いて注文を取ってきました」と、笑みを絶やすことなく田中社長が話してくれた。

気さくで明るい田中社長のことを武市社長は、「ゴルフの腕は相当なもの。ただ、酒は一切やらない」と教えてくれた。田中社長にお聞きすると、コースはもちろんだが、会社（敷地内に自宅がある）のすぐ近くにある練習場に毎日のように通うほどゴルフに熱中しているとのことであった。「遊びに一生懸命な人はいい仕事をする」という人をこれまでたくさん見てきたが、まさにそんな雰囲気をもった社長である。

車中、とりとめない話をしているうちに中永製本所に着いた。本当に、ゴルフの練習所が会社の隣にあった。「練習場の入り口が会社側にあったらもっといいですけどね」と言う田中社長、ゴルフ熱が止まらない。一方、私はといえば、製本所のすぐ近くに見える「埼玉スタジアム2002」が気になって仕方がなかった。何と言っても、浦和レッズのホームグラウンドである。

門を入ると、右手に事務所（一階）兼社長宅（二階）となっている建物があり、正面奥が工場となっている。その敷地、なんと一〇〇〇坪だという。

社長室に案内され、田中義久相談役を紹介される。本日、三度目となる「田中氏」だったので、失礼ながら笑ってしまった（さらに、このあと四度目がある）。田中社長の従兄ということで、社長とともに製本の流れを説明していただけるということだ。田中相談役も気さくな人で、すぐに和やかな雰囲気となったのでありがたかった。初対面の人が次から次へと続くので、私なりに緊張していたのだ。

田中相談役は開口一番、「わが社のこだわりは並製本（ソフトカバー）の書籍をつくっていること」と言った。製本所なのだから当たり前だと思ったが、違う意味があった。製本というと、現在でも上製本（ハードカバー）のほうが「格は上」という風潮があるらしい。そんな環境のなかで、並製本に特化して仕事をしているという自負のようだ。事実、岩波書店との取引が長く、とくに新書の製本が中心となっており、売上シェアもダントツとのことだった。

早速、工場内を見学することになった。この日は、やは

田中社長（中央）と田中相談役（左）から話を聞く
住所：〒339-0044　埼玉県さいたま市岩槻区真福寺1400　TEL：048-798-7377

り岩波新書の製本中という。スタッフは二二名、勤務時間は八時三〇分～一七時三〇分で、作業工程は大きく分けて六段階のラインとなっている。当然、その工程順に説明を聞くことになった。

折り

印刷所より引き取った刷本《すりほん》を、断裁機（一本包丁の機械）で大断ちする。用紙の大きさや本の仕上がり寸法によって違うが、本書の場合であれば刷本が四分割されることになる。つまり、二三四ページに掲載した面付けの図が一枚の紙に四つあるということになる。断裁された刷本を、折機にかけて一六ページに折加工する。この加工されたものが「折丁」と呼ばれる。

「手折の場合は、紙の長辺を自分に向けて右手側から左手側に折、次に九〇度回して、さらに右から左、さらに九〇度回して右から左に折ると一六ページ折になります。機械と折り方は違いますが、できあがりは同じです」

と、田中社長が説明をしてくれたが、この折に関しては午前中に恥をかいているので、いかにも分かったような顔をしてうなずくだけにした。この折には、一六ページのほか、二ページ、四ページ、八ページ、三二ページもあるという。

仮に二四〇ページの本の場合、一六ページとなった折丁が一五個あることになる。もちろん、製本部数分だけあるので、各折丁は結束され、間違わないように1番から15番まで判子が押されて作業終了となる。

折られた「折丁」は、必ずしも次の工程に行くとはかぎらないようだ。納期などを勘案して、待機状態になることもあるとのことだった。

丁合

折丁を番号順にとって一冊分の本にセットしていくことを「丁合」という。この作業を行う機械を「丁合機」と呼び、番号順に折丁が並べられている。機械が作動すると、見事に一つずつ折丁が重なっていき、一冊分となる。

現在のような機械がなかったころ、この作業は人間が行っていた。一番分かりやすいたとえで言うと、何種類もあるチラシを一枚ずつ取って一セットにする作業となるが、製本の場合は一枚ではなく一六ページ分の紙を取っていくことになる。もちろん、そのスピードも速かったと思われるが、私の想像が追い付いていかない。さらに、その組み合せにミスがないかとどうかの確認もしていたであろうこの作業、体験できるものであればしてみたい。

無線

丁合された折丁の背中に糊を付けて綴じ合わせていく作業を「無線綴じ」という。このときの糊は軟らかいものが使われ、背の部分に浸透させるとのことである。この段階で、重ねられただけの折丁が一冊分としてまとまり、今度は硬い糊を付けて表紙で覆うことになる。かなり本の状態に近づいてきた。

ちなみに、この工程、一時間にできる量は五〇〇〇〜六〇〇〇冊分だという。また、糊は「ホットメルト」というものが使用されているのだが、その固形はプラスチックのような感じがした。

「丁合」と「無線」は一貫した作業工程となっており、この機械は総称して「無線機」と呼ばれている。私の言葉ではうまく伝えることができないが、この工程、見ていると飽きない。今思うと、八〇〇ページもある本の場合、「いったいどうするのだろうか?」という疑問も湧いてくる。というのも、折丁がセットできるボックスが二四駒しかなかったからだ。

丁合と無線が流れ作業で行われる無線機

化粧断ち

先ほどの工程で固められた本が断裁される。背にあたる部分を除いた「天・地・小口」の三方が断裁されて、仕上りの寸法に整えられる。これまでの作業においてもそうだが、正確に裁断されているかどうかは、スタッフの目での確認となる。

断裁機が醸し出す様相、いやはや凄みがある。「シュッ」という音とともに、三方が見事に裁断されていく。断裁機の包丁はもちろん消耗するので、交換が必要となる。スタッフは、「断裁するときの音が明らかに変わるので」と言ったあと、「そろそろ替え時ですね。時々、ドスンという音が聞こえるでしょう」と言われたが、私にはまったく聞こえなかった。ましてや、周囲から届く別の音も結構うるさい状況でよく聞こえるものだ。そこにしばらく留まって音を聞き分けてみたが、やはり分からなかった。

これも熟練の技の一つであろう。「ちなみに、数値（個数）で表した場合、何回ぐらいが替え時なんですか？」と尋ねたら、「約三〇〇〇回」ということであった。もちろん、本のページ数によって変わってくるようだが、一回に平均五冊分を断裁するということだから、おおよそ一万五〇〇〇冊で交換となる。交換された刃は研ぎ屋さんに回されるとのことだが、かつては社内にその技術をもっている人がいたともいう。この刃、刃渡り四〇・五センチ、高さ九センチという。思わず、中世のギロチン風景を思い出してしまった。

トライオート

裁断されたあと、カバー、帯、売上カード、読者カード、チラシなどがセットされて一冊の本の完成となる。カバー、帯、売上カードは書籍に必備とされるものだが、本によっては、そこにチラシやハガキなどが投げ込まれることになる。もちろん、そのようなオーダーにも対応できる仕組みになっていて、結構なスピードで本が完成していく。

梱包作業

完成された本は、このあと出荷するために梱包される。その一包みは、高さは三〇センチが上限として定められているようだ。ただ、出版社によっては冊数にこだわっているところもあり、一〇冊単位の梱包を依頼してくるケースもあるという。そうなると、機械ではなく人的作業となるようだ。人手と時間が余分にかかるのだろうな、と勝手に想像してしまった。

突揃機《つきそろえき》――番外編

三時の休憩後、左右一二〇センチ、奥行き九〇センチという台状の「突揃機」で、岩波文庫の表紙を裁断している作業を見学した。五〇〇枚の表紙を一度に定型に揃える作業なのだが、スタッフはこの五〇〇枚を機械上で自由自在に操り、裁断して定型に揃えていく。

かなりの重量となる五〇〇枚を揃える仕掛けは「エア」と「振動」だという。機械のスイッチを入れると、台から空気が吹き上がり、その空気によって摩擦が軽減されるために紙の束を押したり引いたりすることが楽になるそうだ。貧困なたとえだが、ピザ生地をつくっている料理人をイメージしてしまった。

生産管理部長

時間が前後するが、午後の休憩時間に田中社長から紹介されたのが、生産管理を担当している田中祐介部長である。前述したように、この日四度目の「田中氏」である。田中相談役のご子息とのことで、サッカーの経験者である。しばし、サッカー日本代表などのスポーツ談義で話が弾んだ。

生産管理部の役割は、製本の注文書（カバー・帯・扉などの付き物の記載、部数、納品時期などが書かれ

右に見えるのが突揃機。写真の作業は、揃えられた表紙を断裁しているところ

ている）をもとに作業計画を立て、ラインの設定と進行状況の確認などとなる。会社の収益に大きく左右する、作業の効率化やコスト削減を図るという重要なポストである。田中社長は「もっと改善の余地はある」と言っていたが、部長に大きな期待をもっているがゆえの言葉であると理解した。

田中部長もそうなのだが、中永製本所のスタッフには若い人が多い。平均年齢を尋ねると、「三〇半ば」という。出版社以上に斜陽産業であると聞いていたが、ここの会社を見るかぎりまったく逆で、将来が明るい。最後に、ちょっと意地悪な質問をしてみた。

「若いスタッフのみなさんは、職人という意識をもっていますか？」

「それが、今後の課題です」と答える田中社長の表情には笑みがあった。どうやら、若いスタッフも、すでにその道を進んでいるようだ。

現在、本づくりは完全に機械化されている、ということは知っていたが、今回二社を見学して、どの工程においてもスタッフの経験知が活かされていることが分かった。スタッフそれぞれが仕事に誇りをもち、一生懸命本づくりの過程を楽しんでいる姿を見ることができたのだが、このような光景、出版業界の人だけでなく多くの読者にも伝えたい。読者のなかから「職人」を目指す人が現れること、それを期待したくなる。

海（サーファー）と陸（ゴルファー）のヌシである二人の田中社長、とにかく明るくて元気であった。その社長のもと、日々本をつくっている二社には、出版不況を忘れてしまうほどの活気があった。そんな現場を見学し、肌で実感できたことは、初めて本を著す私にとっては「贅沢な一日」となった。本ができ上がったら、この日の感動とともにこの二社を宣伝していきたい。

あとがき

四四年間勤めた会社はじめとして、出版業界には大変お世話になった。本を媒介にしてたくさんの人にお世話になり、またかけがえのない仲間もでき、人並みの生活も送れた。まずは、このことに感謝しなければならない。

新評論の武市社長から「本への想いをエッセー風に書いてみませんか」と話をいただいたとき、すぐに返答をしたわけではないが、頭に浮かんだことは「恩返しをしたい」という想いであった。今、私自身がもっている財産は、「本を読むことは楽しい」ことを知っているということだ。この財産で、社会に対して少しでも役に立てればと考え、本書を著すことにした。冒頭で述べた「図書館に勤めたい」というのも、そんな想いがあるからだ。

仕事も家庭も友人も大切という日常のなかで、少しずつ好きな本を読んできた。本当に少しずつであるが、中学生時代から現在まで、毎日飽きもせずに行ってきたことが読書であった。本書では、その読書生活で知ったさまざまな世界を書かせていただいた。本への想い、文学・音楽映画・スポーツと旅、そして歴史を考えるという構成で書いたわけだが、「本への想い」が主題であるので、どうしても引用が多くなってしまったが、この想いが読者のみなさん、そして出版・書店業界で働く多くの人に伝われば望外の喜びとなる。

本が好きで読みはじめたわけだが、読書を重ねるうちに読むことが目的ではなく、自らの人生を豊かにするために読んできたような感じもする。たった一冊の本で新しい世界を知ることができるのだ。しかも、文庫であれば平均七〇〇円前後、単行本であっても平均一六〇〇円前後で体験できるのだから安いものだ。ちょっとお酒を飲みに行って三〇〇〇円から四〇〇〇円を使うことを考えれば、さらに「お得感」が増す。

また、最近思うことだが、サッカー教室や野球教室、そしてピアノ教室などが世の中にはたくさんあるわけだが、同じような読書教室があればと思うときがある。各地域ではブッククラブが誕生し、読書活動が多少なりとも活発化していることは知っている。また、小学校と中学校では「朝読」の時間を設定して、読書の推進を図っているようだ。しかし、私が望むのは、世代を超えてフランクに集まれる空間である。

高齢者が小学生に「こんな本があるよ」と伝える。その小学生の感性が高齢者に思いも寄らない刺激を与える。教える、教えられるという関係ではなく、本を通して世代の交流がはじまる場ができればうれしい。こんな空間が近所にできれば、私はたぶん毎日のように行くだろう。その様子を思い描きながら筆を置くことにする。

友人でもある株式会社新評論の武市一幸社長には、刊行にあたって大変にお世話になりました。今度、ちょっと贅沢して、大人の街・銀座のバーでトリスのハイボールでも飲みましょう（笑い）。銀座のバーが似合う年齢はとっくに過ぎてしまったが、酒の肴はレイモンド・チャンドラーでどうでしょうか。もっとも、彼のことだから、「せめて角瓶にして欲しい！　肴は万城目学か東野圭吾」と言うことだろう。

人見廣史

二〇一八年　八月

本書で紹介した本の一覧（私が持っている本を中心として、現在入手できるものを紹介する。よって、初版とはかぎらない）

・東浩紀・北田暁大『東京から考える――格差・郊外・ナショナリズム』ＮＨＫブックス、二〇〇七年
・安部晋三『美しい国へ』文春新書、二〇〇六年
・阿部幹雄『生と死のミニャ・コンガ』ヤマケイ文庫、二〇一七年
・有吉佐和子『複合汚染』新潮文庫、一九七九年
・池澤夏樹訳『日本文学全集（一）　古事記』河出書房新社、二〇一四年
・石牟礼道子『新装版　苦海浄土　わが水俣病』講談社文庫、二〇〇四年・『世界文学全集Ⅲ―04　苦海浄土』河出書房新社、二〇一一年
・伊藤学編『風のはなし』技報堂出版、一九八六年
・井上ひさし『ボローニャ紀行』文春文庫、二〇一〇年
・井上靖『敦煌』新潮文庫、一九六五年
・井上靖『楼蘭』新潮文庫、一九六八年
・井伏鱒二『黒い雨』新潮文庫、一九七〇年
・植草甚一『ぼくは散歩と雑学がすき』晶文社、一九七〇年・ちくま文庫、二〇一三年
・植草甚一『雨降りだからミステリーでも勉強しよう』晶文社、一九七二年・ちくま文庫、二〇一五年
・植草甚一『映画だけしか頭になかった』晶文社、一九七三年（品切）

・内田樹『日本の覚醒のために　内田樹講演集』晶文社、二〇一七年
・遠藤周作『沈黙』新潮文庫、一九八一年
・遠藤典子『藤沢周平　父の周平』文春文庫、二〇一〇年
・大江健三郎『ヒロシマ・ノート』岩波新書、一九六五年
・大塚勇三（採話）・赤羽末吉（画）『モンゴル民話　スーホの白い馬』福音館書店、一九六七年
・岡本哲志『銀座四百年――都市空間の歴史』講談社、二〇〇六年
・沖縄タイムス社編『沖縄戦記　鉄の暴風』沖縄タイムス社、一九五〇年
・小澤征爾×村上春樹『小澤征爾さんと、音楽について話をする』新潮社、二〇一一年・新潮文庫、二〇一四年
・片岡義男編・訳『ロックの時代』晶文社、一九七一年
・片岡義男『ロンサム・カウボーイ』晶文社、一九七五年（新装版、二〇一五年）
・片岡義男『10セントの意識革命』晶文社、一九七三年（新装版、二〇一五年）
・片岡義男『スローなブギにしてくれ』角川文庫、二〇〇一年（品切）
・片岡義男『彼のオートバイ、彼女の島』角川文庫、一九八〇年（品切）
・片岡義男『湾岸道路』角川文庫、一九八四年（品切）
・片岡義男『ボビーに首ったけ』角川文庫、一九八〇年（品切）
・片岡義男『片岡義男31　STORIES（1・2）』晶文社、一九八七年（品切）
・香取忠彦、イラスト穂積和夫、『日本人はどのように建造物をつくってきたか――奈良の大仏』草思社、

新装版二〇一〇年
・カトリーヌ・アルレー／安堂信也訳『わらの女』創元推理文庫、二〇〇六年
・鎌田慧『自動車絶望工場――ある季節工の日記』講談社文庫、一九八三年
・川本三郎『雑踏の社会学――東京ひとり歩き』TBSブリタニカ、一九八四年・ちくま文庫、一九八七年（品切）
・暮らす旅舎編『京のめぐりあい――水の都京都』実業之日本社、二〇一四年
・沢木耕太郎『バーボンストリート』新潮文庫、一九八九年
・澤田瞳子『若冲』文春文庫、二〇一五年
・椎名誠『さらば国分寺書店のオババ』情報センター出版局、一九七九年・新潮文庫、一九九六年（品切）
・椎名誠『新潮ムック椎名誠編集長でっかい旅なのだ』新潮社、二〇〇一年
・椎名誠『砂の海――楼蘭・タクラマカン砂漠探検記』新潮文庫、二〇〇〇年（品切）
・椎名誠『活字のサーカス――面白本大追跡』岩波新書、一九八七年
・志賀直哉『暗夜行路』新潮文庫、一九九〇年
・司馬遼太郎『関が原（上・中・下）』新潮文庫、九七四年
・司馬遼太郎が『この国のかたち（一）』文春文庫、一九九三年
・司馬遼太郎『この国のかたち（四）』文春文庫、一九九七年
・司馬遼太郎『街道をゆくシリーズ（全四三巻）』朝日文庫、二〇〇八～二〇〇九年
・司馬遼太郎『竜馬がゆく（全五巻）』文藝春秋、一九八八年

・司馬遼太郎『竜馬がゆく（全八巻）』文春文庫、一九九八年
・スウェン・ヘディン／関楠生訳『さまよえる湖』白水社、新装版二〇〇五年
・高平哲郎『みんな不良少年だった』河出文庫、一九八五年（品切）
・田原総一朗『日本の戦争　なぜ、戦いに踏み切ったのか？』小学館、二〇〇〇年
・タモリ『新訂版　タモリのＴＯＫＹＯ坂道美学入門』講談社、二〇一一年
・チャールズ・ミンガス／稲葉紀雄訳『ミンガス――自伝・敗け犬の下で』晶文社、一九七三年（品切）
・坪内祐三『一九七二』文春文庫、二〇〇六年（品切）
・屠国壁『楼蘭王国立つ』日本放送出版協会、一九八四年（品切）
・トール・ヘイエルダール／水口志計夫訳『コン・ティキ号探険記』河出文庫、二〇一三年
・中沢新一『アースダイバー』講談社、二〇〇五年
・中村征夫『全・東京湾』朝日文庫、一九九九年（品切）
・夏目漱石『吾輩は猫である（改版）』岩波文庫、一九九〇年
・新村出編『広辞苑　第七版』岩波書店、二〇一八年
・西尾実・岩淵悦太郎・水谷静夫編『岩波国語辞典　第七版』岩波書店、二〇〇九年
・ノエル・カレフ／高崎嶺雄訳『死刑台のエレベーター』創元推理文庫、一九七六年（品切）
・野田知佑『日本の川を旅する』新潮文庫、一九八五年（品切）
・野田知佑『川を下って都会の中へ』新潮文庫、一九九一年（品切）
・野呂洋子『銀座の画廊巡り』新評論、二〇一一年

・パトリシア・ハイミス／佐宗鈴夫訳『太陽がいっぱい』河出文庫、二〇一六年
・ハンター・デイヴィス／小笠原豊樹・中田耕治訳『ビートルズ　増補版』草思社、一九八七年・『増補完全版　ビートルズ（上・下）』河出文庫、二〇一〇年
・半藤一利『昭和史一九二六―一九四五』平凡社ライブラリー、二〇〇九年
・半藤一利編『昭和史が面白い』文春文庫、二〇〇〇年（品切）
・ピエール・ルメートル／橘明美訳『その女アレックス』文春文庫、二〇一四年
・東野圭吾『麒麟の翼』講談社文庫、二〇一四年
・東野圭吾『新参者』講談社文庫、二〇一三年
・東野圭吾『祈りの幕が下りるとき』講談社文庫、二〇一六年
・ビリー・ホリデイ／油井正一・大橋巨泉訳『奇妙な果実――ビリー・ホリディ自伝』晶文社、一九七一年（品切）
・藤沢周平『蟬しぐれ（上・下）』文春文庫、二〇一七年新装版
・藤原てい『流れる星は生きている（改版）』中公文庫、二〇〇二年
・フランシス・アイルズ／大久保康雄訳、『殺意』創元推理文庫、一九七一年（品切）
・星野道夫『旅をする木』文春文庫、一九九九年
・星野道夫『イニュニック［生命］アラスカの原野を旅する』新潮文庫、一九九八年
・星野道夫『ノーザンライツ』新潮文庫、二〇〇〇年
・星野道夫『長い旅の途上』文春文庫、二〇〇二年

・星野道夫『森と氷河と鯨』文春文庫、二〇一七年
・堀辰雄『大和路・信濃路』新潮文庫、一九五五年
・万城目学『鹿男あをによし』幻冬舎文庫、二〇一〇年
・万城目学『鴨川ホルモー』角川文庫、二〇〇九年
・松本清張『新装版　昭和史発掘（全九巻）』文春文庫、二〇〇九年
・マリオ・プーズォ／一ノ瀬直二訳『ゴッドファザー（上・下）』ハヤカワ文庫、二〇〇五年
・三浦しをん『舟を編む』光文社文庫、二〇一五年
・水上勉『飢餓海峡（上・下）』新潮文庫、二〇〇八年
・水上勉『雁《がん》の寺』新潮文庫、一九六九年
・村上春樹『騎士団長殺し（第一部、第二部）』新潮社、二〇一七年
・村松友視『時代屋の女房』角川文庫、一九八九年（品切）
・村松友視『私、プロレスの味方です――金曜午後八時の論理』情報センター出版、一九八〇年・角川文庫、一九八一年（品切）
・森鷗外『山椒大夫・高瀬舟』新潮文庫・一九六八年
・山際淳司『山際淳司――スポーツ・ノンフィクション傑作集成』文藝春秋、一九九五年（品切）
・山際淳司『スローカーブを、もう一球』角川文庫、二〇一二年
・山崎豊子『沈まぬ太陽（全五巻）』新潮文庫、二〇〇二年
・横溝正史『犬神家の一族』角川文庫、一九九六年

・リパブリック・イニシアティブ編『街直し屋――まちとひとを再生させる仕事』晶文社、二〇一七年
・ル・フェーブル／水口志計夫ほか訳『西域探険紀行全集（全一五巻＋別巻）』白水社、一九六六～一九七一年（品切）
・ルーシー・モード・モンゴメリ／村岡花子訳『赤毛のアン』金の星社、一九八九年・新潮文庫、二〇〇八年
・ロバート・ジョージ・ライズナー／片岡義男訳『チャーリー・パーカーの伝説』晶文社、一九七二年
・鷲田清一『京都の平熱――哲学者の都市案内』講談社、二〇〇七年・講談社学術文庫、二〇一三年
・和田竜『村上海賊の娘（全四巻）』新潮文庫、二〇一六年

著者紹介

人見廣史（ひとみ・ひろし）

1953年、埼玉県浦和市に生まれる。

少年時代をキューポラのある街、川口市で過ごす。野球少年だったが、野球部が休部だったことでサッカー部に入部。

ちばてつやのファンで、『ちかいの魔球』『ハリスの旋風』『あしたのジョー』などを愛読。中学生頃から、家にあった夏目漱石、森鷗外などの近代文学を読みはじめる。このような読書体験が、本屋で働くことを夢見る理由となった。

1972年、埼玉県立浦和商業高等学校を卒業後、都内の書店に勤務。主に人文書などの専門書を担当し、数店の店長を経て1998年に外商部に異動し、2016年4月に退職。

趣味は、読書、マラソン、スポーツ観戦、映画・音楽鑑賞、居酒屋めぐり。

書店人のはんせい
――本はエンターテインメント――　　（検印廃止）

2018年9月10日　初版第1刷発行

著　者　人見廣史
発行者　武市一幸

発行所　株式会社 新評論

〒169-0051 東京都新宿区西早稲田3-16-28
http://www.shinhyoron.co.jp
TEL 03（3202）7391
FAX 03（3202）5832
振替 00160-1-113487

写真 人見廣史
（但し書きのあるものは除く）
装幀 山田英春
印刷 理想社
製本 中永製本所

定価はカバーに表示してあります。

落丁・乱丁本はお取り替えします。

ISBN978-4-7948-1101-1
Printed in Japan